Johannes Willms (Hrsg.)

Bilder Reise Deutschland

Fotografien aus 50 Jahren

campe paperback

Die Deutsche Bibliothek – CIP-Einheitsaufnahme
Bilder Reise Deutschland / hrsg. von Johannes Willms.
– 1. Aufl. – Hamburg : Hoffmann und Campe, 1999
(campe paperback)
ISBN 3-455-10384-7

Umschlaggestaltung: Stefan Kiefer
Fotomontage: siehe Fotonachweis
Satz und Lithografie: Alphabeta Druckformdienst, Hamburg
Druck und Bindung: Clausen & Bosse, Leck
Printed in Germany

Inhalt

Vorwort

Bilder haben ihren eigenen Zauber, ganz besonders, wenn sie eine Vergangenheit festhalten. Betrachtet man sie genau, verliert man sich in die Details – in die Moden, die Frisuren, die Automodelle, die Häuser oder die Interieurs – dann wird man rasch bemerken, daß sie alle den einen Moment überdauern, den Sekundenbruchteil ihres Entstehens.

Manche Bilder sind sofort weltbekannt geworden und fanden Eingang in die imaginäre Galerie unserer kollektiven Erinnerung. Willy Brandts Kniefall in Warschau ist ein Beispiel dafür. Diese Fotografie dokumentiert die ergreifende Trauer und Scham, die jene einfache Geste ausdrückte – und war schon in dem Moment, da sie entstand, »historisch« geworden.

Doch solch eindeutige und unvergeßliche Prägnanz besitzen nur wenige Bilder. Je weiter zurück das Geschehen liegt, desto geduldiger und aufmerksamer wollen sie wahrgenommen werden. Manche müssen geradezu entschlüsselt werden. Andere hingegen erscheinen fast banal, zeigen ein schon längst vergessenes Ereignis, das wir nur deshalb allenfalls flüchtig wahrnehmen, weil es irgendwie altertümlich anmutet.

Die *Bilder Reise Deutschland* versammelt ausschließlich Fotografien, die in dem Sinne authentisch sind, als sie ein vergangenes Geschehen in Ausschnitten zeigen, die weder gestellt noch arrangiert sind. Jede Aufnahme zeigt Situationen und Ereignisse, die das Typische des jeweiligen Jahres spiegeln und gleichzeitig die weitere politische, gesellschaftliche oder geistige Entwicklung des Landes prägen. Dabei dienen kurze historische Essays als Begleitung und Verständnishilfe.

Ein halbes Jahrhundert Bundesrepublik Deutschland umfaßt einen Erfahrungs- und Erlebnisraum, den selbst jene nicht mehr in allen seinen Facetten zu überblicken oder zu erinnern vermögen, deren Biographie noch weiter zurückreicht als jene fünfzig Jahre. Vieles ist abgesunken, wurde vom späteren Glanz und Erfolg überstrahlt. Anderes scheint wieder so lang her zu sein, ist vielleicht auch nicht zu Unrecht vergessen.

Die Trümmerzeit, der Wiederaufbau, das Wirtschaftswunder. Das sind Stichworte, mit denen sich persönliche Erinnerungen verbinden. Ebenso die Freßwelle, die Reisewelle und – viel später – die Sexwelle. Der Film »Die Sünderin« mit Hildegard Knef in der Titelrolle machte 1950 einen derartigen Skandal, daß mancherorts aus Protest die Kirchenglocken geläutet wurden. Das ist von heute betrachtet ebenso verblüffend wie der Umstand, daß mit dem Frankfurter Auschwitz-Prozeß 1965 jene Welle großer Gerichtsverfahren erst richtig in Gang gesetzt wurde, die die Deutschen mit ihrer allzu erfolgreich verdrängten Vergangenheit konfrontierten.

Die Bilder Reise Deutschland führt deshalb gleichermaßen durch ein bekanntes wie unbekanntes oder vergessenes Land. Vor allem aber geht die Reise über weite Strecken durch jenes Land, das man seit der Vereinigung der beiden deutschen Staaten als »die alte Bundesrepublik« bezeichnet. Dies hat seinen Grund darin, daß jene alte Bundesrepublik für den überwiegenden Teil der Deutschen der Erfahrungs- und Erlebnisraum war, der sie geprägt hat. Das gilt auch für die Autoren dieses Bandes: Sie sind fast alle jünger als dieses Land, das sie für uns entdeckt haben.

Johannes Willms

Bilder Reise Deutschland

21. September 1949
Die Hohen Kommissare übergeben das Besatzungsstatut an Bundeskanzler Adenauer

Den Serpentinenweg hinauf zum Hotel Petersberg hoch über Bonn liebt Konrad Adenauer überhaupt nicht. Hier im Siebengebirge, ein paar Kilometer von Adenauers Wohnort Rhöndorf entfernt, residieren die drei Hohen Kommissare der Besatzungsmächte. Der Gang zum Petersberg am 21. September 1949 ist ein politischer Demutsakt, der dem Kanzler der Besiegten von den Siegern abverlangt wird. Die Hohen Kommissare – John McCloy für

die US-Regierung, Brian Robertson für die Briten, André François-Poncet für Frankreich – sind die eigentlichen Herrscher über die neu gegründete Bundesrepublik Deutschland. Im Hotel Petersberg sitzt also Westdeutschlands Über-Regierung. Die Deutschen haben nur begrenzte Souveränität nach außen und nach innen. Die Alliierten behalten sich nämlich das Recht vor, jederzeit wieder die volle Regierungsgewalt an sich zu ziehen. So steht es im Besatzungsstatut, das von den Westmächten erlassen wurde. An diesem Septembertag 1949 wird das Dokument dem frisch gewählten ersten Bundeskanzler der Bundesrepublik Deutschland von den Alliierten Hohen Kommissaren überreicht.

Dieser Tag markiert das Ende einer Entwicklung, die seit dem Sommer 1948 mit immer höherem Tempo auf die Teilung Deutschlands zulief. Auf die Schaffung der D-Mark als Währung in den drei Westzonen folgt die Berliner Blockade als direkte Antwort des Ostens. Die Westmächte ebnen den Weg zu einer eigenen westdeutschen Verfassung. Dies alles gipfelt in der Verkündung des Grundgesetzes im Mai 1949. Die Gründung des westdeutschen Teilstaates geschieht also auf Wunsch der drei Westmächte.

Schon längst waren die politischen Entscheidungen für die drei Westzonen im US-Hauptquartier in Frankfurt getroffen worden. Von hier regierten die West-Alliierten die Deutschen in ihren Besatzungszonen. Mit den »Frankfurter Dokumenten« hatten die USA, Großbritannien und Frankreich die Politiker ihrer Besatzungszonen im Sommer 1948 zur Gründung eines westdeutschen Teilstaates aufgefordert. Die »Trizone« sollte als Grenzregion zum feindlichen Sowjet-System politisch stabilisiert werden. Als am 1. September 1948 mit der ersten Sitzung des Parlamentarischen Rates in Bonn die Arbeit an einer Verfassung für die Westzonen konkret wird, stemmen sich die deutschen Politiker gegen eine zu eindeutige Festschreibung des Status quo. Sie fürchten die Zementierung der deutschen Teilung. Die Verfassung erhält schließlich den Namen »Grundgesetz«. Damit soll signalisiert werden, daß der Zusammenschluß der drei Westzonen nur vorläufiger Natur, die Bundesrepublik nicht das »ganze« Deutschland ist.

Die Arbeit der Verfassungsväter findet unter Aufsicht der Westmächte statt. Der Parlamentarische Rat berät unter der Maßgabe, daß der Bundesstaat (West-)Deutschland keine starke Zentralregierung erhalten dürfe.

Kurt Schumacher, SPD-Vorsitzender und Adenauers großer Gegenspieler, beschuldigt die Alliierten, die Mitglieder des Parlamentarischen Rats als »Schachfiguren« mißbrauchen zu wollen. Der bundesstaatlich gesinnten CDU wirft er »föderalen Partikularismus« vor. Schumacher, ein eindeutiger Verfechter des nationalen Zentralismus, ist es auch, der den drei Mächten eine noch stärkere Position des Bundes gegenüber den Ländern abtrotzt: »Man kann eben nicht ein Grundgesetz auf Kommando der Besatzungsmächte schaffen«. Die Alliierten stimmen schließlich einem Verfassungskompromiß zu, der mehr Zentralismus vorsieht, als den Deutschen ursprünglich erlaubt sein sollte. Nachdem die Alliierten ihren Segen gegeben haben, wird das Grundgesetz im Parlamentarischen Rat verabschiedet und tritt nach Zustimmung der Länder, mit Ausnahme Bayerns am 23. Mai 1949 in Kraft.

Das verträumte Bonn, in dem die Sitzungen des Parlamentarischen Rates stattfanden, wird bald als möglicher Regierungssitz ins Gespräch gebracht. Für die Alliierten Hohen Kommissare wird das Luxushotel auf dem Petersberg als Dienstsitz hergerichtet. Nach den Wahlen im August bildet die CDU im September 1949 mit FDP und DP (Deutsche Partei) eine kleine Koalition. Konrad Adenauer wird mit einer Stimme Mehrheit zum ersten Kanzler der Bundesrepublik Deutschland gewählt. Er muß sich seine Legitimation – das »Besatzungsstatut« – von den Alliierten abholen.

»Der einzige Weg zur Freiheit ist der, daß wir im Einvernehmen mit den Hohen Kommissaren unsere Freiheiten und Zuständigkeiten Stück für Stück zu erweitern versuchen.« In seiner Regierungserklärung bekennt sich Adenauer zu einer Politik der kleinen Schritte. Den ersten dieser kleinen Schritte macht er am nächsten Tag bei der feierlichen Übergabe des Besatzungsstatuts auf dem Petersberg. Das alliierte Protokoll hat eine klare Hierarchie für diesen historischen Augenblick vorgesehen. Die Hohen Kommissare stehen *auf* dem Perserteppich; die deutsche Delegation soll *vor* dem Teppich stehen bleiben. Adenauer – selbstbewußt und fintenreich – ignoriert das Protokoll und tritt den Besatzern auf dem Teppich entgegen. Ein erstes Stückchen Emanzipation. (Foto: links McCloy, in der Mitte François-Poncet, rechts Robertson, ganz rechts Adenauer).

Zwei Monate später schließt der Kanzler mit den Alliierten das Petersberger Abkommen. Es regelt einerseits die Aufsicht der Alliierten über das Ruhrgebiet und formuliert andererseits einen Kompromiß in der Frage der Industriedemontage durch die Besatzer. Das Abkommen ist im Bundestag heiß umstritten: »Der Bundeskanzler der Alliierten« ruft der aufgebrachte Schumacher von der Oppositionsbank – und handelt sich dafür zwanzig Tage Sitzungssperre als Ordnungsstrafe ein. Die Beleidigung ist für Adenauer ein Sieg: Schumacher ist bei den Westmächten als nationalistischer Scharfmacher untendurch. Adenauer, der Mann der selbstbewußten kleinen Schritte, ist der Mann der Stunde.

Mathias Haentjes

Herbst 1950
Hildegard Knef ist »Die Sünderin«

Die *Sünderin* sollte ein doppeltes Comeback werden. Hildegard Knef, die Trümmer-Schönheit des Nachkriegskinos, war 1948 nach Hollywood gegangen – und bekam keine Rollen. Ihr Regisseur, Willy Forst, war vor 1945 als eleganter *Bel ami*-Darsteller und Operetten-Spezialist zu Ruhm gelangt. Seit Kriegsende hatte er kein Engagement mehr gehabt. Der neue Film sollte den doppelten Karriereknick korrigieren. Er wird zum ersten großen Skandal – und Erfolg – des Nachkriegskinos.

»Eine Hurengeschichte« – so hatte Willy Forst sein Projekt angekündigt. In einer einzigen langen Rückblende erzählt das Mädchen Marina ihr Leben. Vom Stiefbruder wird sie verführt, vom Stiefvater auf die Straße gesetzt. Sex für Geld – sie findet schnell Gefallen am leichten Leben. Ein Künstler bringt die Rettung und das Ende. Für den todkranken Maler Alexander gibt Marina ihr Gewerbe auf. Nur um doch noch einmal rückfällig zu werden. Der Geliebte erblindet, das Mädchen will Geld für eine Operation auftreiben – die dann doch vergeblich ist. Alexander will sein Leben beenden. Marina reicht dem Geliebten einen Cocktail aus Sekt und Veronal. Sie folgt ihm in den Tod. Sex, Sterbehilfe, Selbstmord – eine brisante Mischung.

»Das Hohelied einer Frau beweist uns durch die alles überstrahlende Kraft der Liebe, daß es dicht neben Schmutz und Finsternis auch Reinheit, Helligkeit und Schönheit geben kann«, schreibt Willy Forst. Der Regisseur will mit dem Melodram sein Können als Regisseur unter Beweis stellen. Statt leichter Muse ein bewegendes Schicksal.

In den ersten Nachkriegsjahren werden in Westdeutschland unter alliierter Lizenz ein knappes Dutzend »Trümmerfilme« gedreht, in denen die Ruinen der Nachkriegsstädte die Kulisse für realitätsnahe Geschichten zwischen Schwarzmarkt und Off-limits-Bars abgeben. Filme wie *In jenen Tagen, Zwischen Gestern und Morgen* und *Berliner Ballade* erzählen vom Leben in den Trümmern. Ursache und Wirkung – Nazi-Ideologie und Nachkriegselend – werden beim Namen genannt. Doch das Kino der Massen sind die Filme aus Hollywood und die scheinbar ideologiefreien Unterhaltungsproduktionen aus den Ufa-Tagen vor 1945. Mit Lockerung des Lizenzsystems wendet sich der westdeutsche Film Anfang der 50er im Melodram »allgemein menschlichen« Themen zu. Daneben entstehen als anspruchslose Unterhaltung Liebeskomödien und Heimatfilme wie *Grün ist die Heide.*

Die Dreharbeiten zu *Die Sünderin* oder *Monolog,* wie der neue Willy-Forst-Film ursprünglich heißen sollte, werden im Jahr 1950 von einer neugierigen Presse begleitet, die Wochenschau berichtet. Am Tag vor der Premiere am 18. Januar 1951 bringt der Spiegel einen großen Vorabbericht mit Auszügen aus dem Drehbuch. Überschrift: »Ich sterbe mit Dir«.

Der Film entpuppt sich als kulturpolitischer Sprengstoff. Die Prostituiertengeschichte, der Selbstmord bzw. die Sterbehilfe, und dazu noch Hildegard Knef nackt (auch wenn die Szene gerade einmal nur zehn Sekunden dauerte): Für die beiden Kirchen, die in der »Freiwilligen Selbstkontrolle der Filmwirtschaft« über die Freigabe des Films mitzuentscheiden haben und überstimmt werden, ist das zuviel.

Ihre Vertreter verlassen unter Protest die Bewertungskommissionen. Der Kölner Kardinal Frings ruft von der Kanzel zum Boykott der *Sünderin* auf. Katholische Zeitungen, aber auch bürgerliche Blätter, weigern sich, Anzeigen oder Besprechungen zu veröffentlichen, die auf den Film hinweisen. Dafür gibt es von aufgebrachten Geistlichen organisierte Protestkundgebungen. »Rettet die deutsche Jugend«, »Kulturbolschewismus«, »Wir fordern echte Filmkontrolle« skandieren die Demonstranten. Es kommt zu Schlägereien zwischen Gegnern und Anhängern der *Sünderin.* Stinkbomben fliegen in die Kinos, Mäuse werden im Parkett ausgesetzt. In einigen Städten werden die Aufführungen behördlich verboten. Die Tumulte vor den Kinos verschaffen dem Film eine ungeplante Aufmerksamkeit. Erst durch die Zeitungsberichte über die Ausschreitungen werden die Massen angezogen. Am Ende hat *Die Sünderin* vier Millionen Menschen in die Kinos gelockt.

Zwar haben die kirchlichen Protestreaktionen auf das »Sünderin«-Thema Euthanasie auch politische Bezüge zur nicht bewältigten Vergangenheit, doch statt Politik werden Sitte und Moral diskutiert. Der Skandal um *Die Sünderin* zeigt die Nachkriegsgesellschaft an der Schwelle zur Restauration. »Ich verstand nicht, daß mit Währungsreform, regelmäßiger Nahrung, geheiztem Schlafzimmer eine auf Keuschheit bedachte Betulichkeit Einzug gehalten und das Unfaßliche des Vorhergegangenen ignoriert, abgeschrieben und verdrängt hatte«, erinnert sich Hildegard Knef. Und an »Drohbriefe, Morddrohungen, im Detail aufgeführte Anliegen zahlloser Sexualverrückter… ›Nu ziern Se sich mal nicht, haben Sie doch alle nackt gesehn‹ …« Für die Öffentlichkeit der frühen 50er Jahre geht es bei der *Sünderin* um Sex auf der Leinwand. Was sonst würde die Millionen ins Kino locken.

Künstlerisch ist *Die Sünderin* für Willy Forst ein Mißerfolg. Er wechselt wieder zum musikalischen Lustspiel. Hildegard Knef erhält nach dem Skandal tatsächlich Rollen in Hollywood, doch in Deutschland bleibt der Erfolg aus. Für die deutsche Presse ist sie noch jahrzehntelang *Die Sünderin.*

Mathias Haentjes

18. März 1951
Bundespräsident Heuss besucht die Ausstellung »Deutsche Heimat im Osten«

Von der Maas bis an die Memel, von der Etsch bis an den Belt«. Dem aufgeklärten Liberalen Theodor Heuss ist die erste Strophe des Deutschlandliedes derart zuwider, daß er es durch eine neue Hymne ersetzen will, doch er scheitert. Der Anspruch auf die »Deutsche Heimat im Osten« ist ein politisches Leitmotiv der jungen Bundesrepublik. Der liberale Bundespräsident Theodor Heuss kann nur versuchen, der Melodie die militanten Untertöne zu nehmen.

»Flüchtlinge«, »Zugewanderte«, »Heimatvertriebene«: Sie sind der soziale Sprengstoff der Nachkriegsjahre. Die Alteingesessenen dulden sie nur. Sie werden nicht geliebt – oft sogar gehaßt. Bei der Volkszählung 1950 werden in den drei Westzonen fast acht Millionen Vertriebene aus den deutschen Ostgebieten gezählt, ein Sechstel der Gesamtbevölkerung. In Schleswig-Holstein kommt sogar jeder dritte Bewohner aus Pommern, Ost- oder Westpreußen, Schlesien oder Ost-Brandenburg.

Im Sommer 1945 in Potsdam war die Welt von den Siegermächten zwischen Ost und West geteilt worden. Für die Teile des Deutschen Reiches jenseits von Oder und Neiße, die bei Kriegsende polnisch bzw. sowjetisch besetzt waren, fanden die Sieger die Formel »unter polnischer Verwaltung« bzw. »unter sowjetischer Verwaltung«. Die Westmächte wußten aber, daß diese Gebiete auch bei einem Friedensvertrag, der ja irgendwann das deutsche Nachkriegsschicksal endgültig besiegeln sollte, nie wieder zu Deutschland zurückkommen würden. Die deutsche Bevölkerung Ostpreußens, Pommerns oder des Sudetenlandes war zum Verlassen ihrer Heimat gezwungen worden. Neue Siedler – in Polen aus dem von den Sowjets annektierten östlichen Landesteil – hatten die Häuser und Höfe der Vertriebenen bezogen. Eine nochmalige Umsiedlungsaktion, irgendwann nach dem großen Friedensvertrag, war selbst für die im Umgang mit der deutschen, aber auch der polnischen und tschechischen Bevölkerung emotionslosen Siegermächte nicht vorstellbar.

Die Menschenströme, die in den späten vierziger Jahren nach Westen drängten, wurden zuerst in Gegenden gelenkt, die am wenigsten unter dem Krieg gelitten hatten: die ländlichen Gebiete Bayerns, Niedersachsens und Schleswig-

Holsteins. Hier wurden die Fremden in großen Lagern oder anderen Notunterkünften untergebracht.
Schnell wurden die Tausende, die täglich aus dem Osten kamen, als Belastung empfunden. Die Länder mahnten eine gleichmäßige Verteilung der Flüchtlinge an. »Es gibt keine Flucht vor dem Flüchtlingsproblem«, schrieb *Die Zeit* im Jahr 1949.
Erst langsam und unter argwöhnischer Beobachtung durch die Besatzungs-

mächte waren in den Westzonen Interessenverbände der Vertriebenen entstanden. 1951 sind eineinhalb Millionen Menschen im »Zentralverband der heimatvertriebenen Deutschen« organisiert und bilden eine schlagkräftige politische Lobby. Die Vertriebenenpartei BHE (Bund der Heimatvertriebenen und Entrechteten) erreicht z. B. 1950 bei der Landtagswahl in Schleswig-Holstein 23,4 Prozent der Stimmen. Zwei an sich widersprüchliche Forderungen haben sich die Vertriebenen auf die Fahnen geschrieben: das »Recht auf Heimat« und eine Entschädigung für die erlittenen Verluste, den »Lastenausgleich«.

Im Februar des Jahres 1951 versammeln sich unter Parolen wie »Lebensrecht im Westen – Heimatrecht im Osten« 50 000 Heimatvertriebene in Bonn. Der Vertriebenenführer, der CDU-Abgeordnete Linus Kather, setzt die von seiner Partei geführte Regierung unter Druck. Die Vertriebenen drohen von der Fahne zu gehen.

Der gewiefte Taktiker Konrad Adenauer reagiert mit einer Doppelstrategie, zumal die Heimatvertriebenen ein Sechstel der Wählerschaft der Union darstellen: Der Kanzler macht den Lastenausgleich zur Chefsache. Das »Recht auf Heimat«, die »Grenzen von 1937« werden zu gängigen Floskeln politischer Sonntagsrhetorik: »Das Land jenseits von Oder und Neiße gehört für uns zu Deutschland!«

Die Ausstellung »Deutsche Heimat im Osten«, die am 17. März 1951 in Düsseldorf eröffnet wird, ist Teil dieser Besänftigungspolitik. Der Vertriebenenminister Jakob Kaiser sieht die »Anwesenheit des Bundespräsidenten als eine vorbildliche Demonstration ... für das Recht der Ostvertriebenen auf ihren Heimatboden«, berichtet die *Süddeutsche Zeitung*. Eigentlich ist der Bundespräsident weit entfernt von den Forderungen der Vertriebenenverbände, aber Theodor Heuss schwenkt ganz auf die Linie der Adenauer-Regierung, wenn er bei verschiedenen Anlässen mit bewußt vagen Formulierungen bei den Vertriebenen Hoffnung auf eine Rückkehr in die Heimat weckt: Die Gesprächspartner im Ausland seien »... hellhörig geworden, nicht etwa nur, weil Sentimentalität in ihre Herzen gekommen wäre, sondern weil sie spüren, daß dieser Zustand, in den das deutsche Volk gedrängt worden ist, für die Welt, für sie selber eine Gefahr werden mag, falls es nicht zu Lösungen kommt. Es findet sich jetzt draußen wachsendes Verständnis.«

Doch die Oder-Neiße-Grenze wird nie zur Debatte stehen. Das haben die Westmächte den Bonner Politikern deutlich gemacht. Aber aus innenpolitischen Gründen wird die ungeliebte Grenze immer wieder in Frage gestellt – mit Blick auf die Vertriebenen. Eine Hypothek für die Ostpolitik auf Jahrzehnte. Der »Lastenausgleich« jedoch, das Versprechen, die Kriegsfolgen gerechter zu verteilen, wird ein zentraler Bestandteil der bundesdeutschen Sozialpolitik und schafft den Vertriebenen die Basis für Existenz und Heimat im Westen.

Mathias Haentjes

23. Dezember 1952
Der Tierschutzverein feiert Blindenhund-Weihnacht

Eine Wurst für den treuen Kameraden, Hundekuchen und Dosenfleisch. Für die Menschen Äpfel und Apfelsinen, Stollen und Bohnenkaffee. Eine Weihnachtsfeier in der Frühzeit des Wirtschaftswunders. Doch die Gäste dieser Feier in Berlin, die Blinden und ihre Angehörigen – und ihre Hunde –, sind eine lebendige Erinnerung an die Opfer des Krieges.

Sieben Jahre nach dem Ende des Nationalsozialismus sind die Straßen vom Schutt geräumt. Behelfswohnungen und Trümmergrundstücke bestimmen das Bild der Städte. Die Häuserzeilen gleichen notdürftig reparierten Zahnreihen. Die Menschen haben sich eingerichtet.

Sie wollen vergessen. Doch unter ihnen leben Millionen, denen die Erinnerung an den Krieg in Körper und Seele gebrannt ist. Zu Beginn der 50er Jahre gibt es in der Bundesrepublik gut vier Millionen Menschen, die offiziell als Kriegsopfer geführt werden. Witwen, Witwer, Waisen und eineinhalb Millionen »Beschädigte«. 11 000 von ihnen sind »Kriegsblinde«.

Mißtrauisch beobachtet von den Besatzungsbehörden hatten sich die Kriegsopfer bald nach dem Krieg in regionalen Selbsthilfeverbänden zusammengeschlossen. Der württembergische »Verband der Kriegsbeschädigten« mußte auf Anweisung der US-Militärregierung seinen Namen ändern. »Veteranenvereine« waren unerwünscht. Außerdem machten die Vereinigungen finanzielle Forderungen gegenüber einem »Deutschland« geltend, das es als Staat nicht mehr gab:

»Wir Kriegsopfer sind in materieller Hinsicht in erster Linie Gläubiger des Deutschen Reiches. Wir sind nicht Bayern und Hessen, Pfälzer und Preußen, nicht Föderalisten und Zentralisten, sondern Deutsche.«

Im Nachkriegsdeutschland symbolisieren die Kriegsopfer zwangsläufig ein Stück Kontinuität zur Gesellschaft der späten NS-Zeit.

Die Kriegsopfer sind auf die Gemeinschaft – auf die »Volksgemeinschaft«, wie es unter den Nazis hieß – angewiesen. So wird noch bis 1952 von den Berufsgenossenschaften ein Lehrfilm aus der NS-Zeit benutzt, der die musterhafte Integration Körperbehinderter oder »Beschädigter« in einem Industriebetrieb zeigt.

Am Anfang der Handlung trägt der einarmige Protagonist noch Uniform, dann erhält er vom »Betriebsführer« den Posten des »Vertrauensmannes« in der Fabrik. Der gelegentlich auftauchende Hitlergruß, Armbinden mit Hakenkreuzen sind Hinweise auf die Entstehungszeit. *Jetzt erst recht* heißt der Film, der unter neuen Vorzeichen auch in die Nachkriegszeit paßt.

Doch während in der NS-Zeit noch die Nützlichkeit der Behinderten in der

(Kriegs-)Produktion den Schwerpunkt bildet, verstehen sich die Kriegsopfer – oder zumindest ihre Funktionäre – in den Jahren nach dem Krieg als eine Art Gewissen der sich neu formierenden Gesellschaft:

»Die großen sozialen Fragen der Zeit können nicht gemeistert werden ohne lebendige Hilfsbereitschaft von Mensch zu Mensch, ohne sittliche Verpflichtung und moralische Verantwortlichkeit jedes Stärkeren gegenüber dem Schwächeren. Die rücksichtslose Anwendung der Ellenbogentaktik und das hemmungslose Ausleben einer sich immer schamloser gebärdenden eigensüchtigen Lebensauffassung müssen von uns in erster Linie überwunden werden.«

Die Politik akzeptiert den Anspruch der Kriegsopfer und schafft sehr früh Gesetze zur Versorgung der durch den Krieg zu Behinderten oder Hinterbliebenen gewordenen. Rentengesetze werden erlassen, der Staat übernimmt die Kosten für Prothesen.

Eine genaue Statistik aus dem Jahr 1954 zählt 132 116 einseitig Beinamputierte, 10 293 doppelt Beinamputierte, 43 862 einseitig Armamputierte, 858 doppelt Armamputierte, 107 dreifach und 28 vierfach Amputierte, die »orthopädisch versorgt« wurden. Auch die teuren »Blindenführhunde« werden vom Staat bezahlt.

Wie viele an ihrer Seele beschädigte Menschen die Fronten im Osten, Süden und Westen, die Bombennächte, Massenfluchten und Vergewaltigungen hinterlassen haben, ist in der Statistik jedoch nicht verzeichnet.

Mathias Haentjes

17. Juni 1953
Volksaufstand in der DDR

Den Toten widmete *Die Zeit* auf der Titelseite eine groß aufgemachte Todesanzeige: »In Tyrannos«. »Der Tag X«, so bezeichnete die offizielle DDR-Propaganda diesen denkwürdigen 17. Juni des Jahres 1953. Den dortigen Machthabern galt er fast vier Jahrzehnte lang als »faschistisches Abenteuer« und »Putsch« durch »Provokateure«. In der Bundesrepublik wurde der 17. Juni bis 1989 alljährlich als »Tag der Deutschen Einheit« begangen.

»Es besteht kein Zweifel, daß eine Reihe von Schwierigkeiten auf der bisherigen Stufe unserer demokratischen und wirtschaftlichen Entwicklung nicht gelöst werden konnten«, hatte SED-Generalsekretär Walter Ulbricht im Juli 1952 im schönsten Parteichinesisch verkündet. »Die demokratische und wirtschaftliche Entwicklung sowie das Bewußtsein der Arbeiterklasse und der Mehrheit der Werktätigen sind jedoch jetzt so weit entwickelt, daß der Aufbau des Sozialismus in der Deutschen Demokratischen Republik zur grundlegenden Aufgabe geworden ist.«

Der »planmäßige Aufbau des Sozialismus« bedeutete eine Verschärfung der Kontrolle des täglichen Lebens durch die allmächtige SED. Mittlere Unternehmen, die noch in Privatbesitz waren, wurden verstaatlicht, Bauern enteignet. Die Versorgung mit Essen und sonstigen Konsumwaren verschlechterte sich weiter. Eisen und Stahl war das Gebot der Stunde. Die DDR mußte schließlich eine eigene Schwerindustrie aufbauen. Unmut und Widerstand in der Bevölkerung ließ die Zahl der in den Gefängnissen Inhaftierten anschwellen.

Als am 9. März 1953 Stalin, »der Ewiglebende« (J.R. Becher) in Moskau zu Grabe getragen wird, reagiert die DDR-Führung mit großer Verunsicherung. Die Machtverhältnisse in Moskau sind nicht geklärt. Die Sowjets verlangen von der DDR, von nun an selbständig zu wirtschaften. Ulbricht ruft eine Kampagne der »freiwilligen Selbstverpflichtung« aus.

Mit einem großen Propagandafeldzug wird den Arbeitern eine Normerhöhung von zehn Prozent verordnet. Für viele bedeutet der höhere Akkord, zusammen mit einer kurz vorher beschlossenen Lohnsenkung, einen Einkommensverlust von 25 Prozent. Bei maximalen Stundenlöhnen von zwei DDR-Mark kostet ein Pfund Margarine in der HO-

Kaufhalle vier Mark, die Butter zehn Mark. Der FDGB, der Freie Deutsche Gewerkschaftsbund, die staatlich gelenkte Vertretung der Arbeiter im »Arbeiter-und-Bauern-Staat«, verkündet mit scheinbar ungebrochenem Plan-Optimismus die Normerhöhung als neue Errungenschaft der Arbeiterklasse. Im Mai 1953 reagieren die ersten Betriebe, allen voran die bis dahin als vorbildliche Helden der Arbeit gefeierten Baubrigaden der Stalinallee in Ost-Berlin, mit Arbeitsniederlegungen. Um die Bevölkerung zu besänftigen, rufen die SED-Oberen unter dem Druck Moskaus am 9. Juni den »Neuen Kurs« aus. Liberalisierungen, Lockerungen – doch von einer Rücknahme der verhaßten Normerhöhungen findet sich nichts in den Beschlüssen des Politbüros. »Genosse Grotewohl« und »Genosse Ulbricht« erklären den Arbeitern, daß sie ja für ihre eigene Tasche arbeiten, denn die Fabriken, Landwirtschaftsgenossenschaften, Baustellen gehören angeblich, so will es die Propaganda, den Werktätigen.

Unmut macht sich breit in der Republik, Haß auf die gut lebenden Funktionäre. Die Spannung steigt. Berlin gleicht einem Pulverfaß, das am 16. Juni explodiert. Die Bauarbeiter der Stalinallee lassen Schaufel, Kelle und Hammer fallen und marschieren in geschlossenen Reihen zum Haus der Ministerien an

der Leipziger Straße. 20 000 Arbeiter belagern den ehemaligen Nazibau. Auf einem Tisch stehend versucht der Bergbauminister Selbmann die Menge zu beruhigen. »Ich bin doch selbst ein Arbeiter!« – »Das hast du aber längst vergessen!« schallt es ihm entgegen. Und dann steht auf einmal ein Arbeiter auf dem Tisch und ruft: »Wir verlangen freie Wahlen!«

Ulbricht reagiert sofort mit der Rücknahme der neuen Normen – doch die Lawine ist schon losgetreten. Am Morgen des 17. Juni formieren sich die Berliner Arbeiter aufs neue. Angestellte, Händler und selbst Volkspolizisten schließen sich an. Sie fordern den Rücktritt der Regierung, die Entmachtung der Partei und immer wieder freie Wahlen. Auch in den anderen Städten der DDR gehen die Menschen auf die Straße, informiert durch Reportagen des Westberliner Senders RIAS. 60 000 sind in Halle auf der Straße, 40 000 in Leipzig. Das ganze Land ist in Aufruhr. In Berlin holen die Aufständischen die Rote Fahne vom Brandenburger Tor.

Um 12 Uhr dann der Livebericht des RIAS: »Schüsse am Potsdamer Platz ... Wir können von hier aus nicht beobachten, wohin geschossen wird und ob diese Schüsse aus russischen oder von Karabinern der Volkspolizei stammen ... Als Abschluß des Leipziger Platzes hat man eine Barriere aufgebaut, dahinter drei schwere russische Panzer ...«

Schon die ganze Nacht über waren sowjetische Panzerverbände aus den umliegenden Garnisonen nach Berlin gerollt. Nun ruft Generalmajor Dibrowa, Militärkommandant des sowjetischen Sektors von Berlin, den Ausnahmezustand aus. Die Regierung der DDR ist kaltgestellt. Der Aufstand wird mit Waffengewalt niedergeschlagen. (Foto: Szene aus Berlin, Leipziger Straße). Mehr als 50 Demonstranten werden von MGs niedergemäht, zwanzig standrechtlich erschossen. Aber auch zwei Dutzend Sowjetsoldaten, die sich weigern, gegen die arbeitenden Massen ihre Waffen einzusetzen, müssen sterben.

Die Propagandamaschine der SED rollt an: »Wir sind Zeugen des Versuchs geworden, einen Anschlag auf den Frieden zu unternehmen, eine internationale Verwicklung herbeizuführen«, behauptet Karl-Eduard von Schnitzler im Ost-Berliner Deutschlandsender und erfindet das Gespinst einer westlichen Weltverschwörung. In Wirklichkeit bemühen sich Bundesregierung und US-Besatzungsmacht um eine Beschwichtigung der DDR-Bevölkerung. Im weltpolitischen Vakuum nach Stalins Tod will man die Sowjets nicht provozieren.

Die *Süddeutsche Zeitung* berichtet mit ausführlichen Reportagen vom 17. Juni in Berlin. Eine Seite weiter findet sich eine Großanzeige des Kaufhauses C&A: Die Kaufhausmanager werben um Verständnis für eine Verlängerung des Ladenschlusses am Samstag auf 17.00 Uhr. Zwei Tage später kommt es in München zu einer tumultartigen Großdemonstration. 20 000 Menschen sind, angeführt von KPD und FDJ, auf der Kaufinger Straße. Dem Arbeiteraufstand im Osten folgt die Farce eines Angestelltenaufstands im Westen.

Mathias Haentjes

4. Juli 1954
Das Wunder von Bern

Hier sind alle Sender in der Bundesrepublik Deutschland und West-Berlin, angeschlossen Radio Saarbrükken. Wir übertragen aus dem Wankdorf-Stadion in Bern das Endspiel um die Fußballweltmeisterschaft zwischen Deutschland und Ungarn.«
Schon zum Halbfinale der Fußball-WM sind in der Bundesrepublik die Fernsehgeräte ausverkauft. Ein Tischmodell kostet 1200 DM – fünf Monatslöhne. Doch die Deutschen wollen dabeisein, wenn »ihre Jungens« in Bern ins Endspiel ziehen. Noch ist das deutsche Fernsehen ein Versuchsprogramm, gesendet vom Nordwestdeutschen Rundfunk

(NWDR). Doch die Fußball-WM gibt dem neuen Medium mächtig Auftrieb. Im Jahr 1954 verachtfacht sich die Zahl der angemeldeten Geräte auf über 80 000 Stück. In den WM-Wochen herrscht Hochkonjunktur in der Fernsehgeräteindustrie.

Wer keinen Fernseher hat, stellt sich zum Finale am Sonntag nachmittag einfach vor das Schaufenster eines Elektrogeschäfts oder geht in eine Kneipe, wo für einen Mindestverzehr von zwei Mark, das entspricht fünf Bier, hundert Fußballfans erwartungsvoll auf einen winzigen Schirm mit verschwommenen Bildern starren.

Der Rest der Nation – in Ost und West – sitzt erregt vor den Radios. Geschätzte Zahl der Zuhörer: 60 Millionen! Gebannt lauschen sie der heiseren Stimme des ARD-Reporters Herbert Zimmermann.

»Sechs Minuten noch im Wankdorf-Stadion in Bern. Keiner wankt. Der Regen prasselt unaufhörlich nieder . . .«

Erst seit 1950 hat die Bundesrepublik wieder eine Nationalmannschaft. Die Stützen des Teams sind Stars, deren Karriere noch im großdeutschen NS-Sport begann: Max Morlock, Toni Turek und Fritz Walter. Der hatte im Jahr 1940 sein erstes Länderspiel bestritten. Reichstrainer war damals Sepp Herberger. Bundestrainer 1954 und Vater des »Wunders von Bern«: ebenfalls Sepp Herberger. Seine Devise »Ein guter Sportler ist auch ein guter Soldat« hat er nach dem Krieg zeitgemäß abgeändert: »Ein guter Sportler ist auch ein guter Demokrat«!

Herberger, der mit unübertroffenem Fußballverstand, gut versteckter Psychologie und väterlicher Hingabe seit 1950 das Nationalteam geformt hat, steht vor und während der WM im Kreuzfeuer der Kritik bei Presse und Fans. »Herberger dürfte der einzige Trainer in Deutschland sein, der so von der Theorie lebt, daß er nicht einmal mehr weiß, wie die Praxis aussieht«, heißt es im Jahr 1951.

Nur unter Mühen hat sich die Mannschaft für das WM-Turnier qualifiziert. In Bern scheinen die Chancen auf Fußballerlorbeer gering. Um die Kräfte seiner Mannschaft zu schonen, riskiert Herberger mit einer Art »Reserveelf« sogar eine verheerende 3:8-Niederlage im Vorrundenspiel gegen den Favoriten Ungarn.

Doch Herberger kalkuliert kühl. Im Mannschaftsquartier in Spiez gibt er seinen Spielern, die er grundsätzlich mit »Sie« und dem Vornamen anredet, neues Selbstbewußtsein. Fein abgestimmte Seelenmassage in Einzelgesprächen vermittelt den Spielern das Gefühl, einer verschworenen Gemeinschaft anzugehören, in der Außenstehende – Funktionäre, Ehefrauen, Fans und Journalisten – nichts zu suchen haben. Das ist der legendäre »Geist von Spiez«. Alle haben ein großes Ziel vor Augen: den »Endsieg«, wie Herberger später notiert.

Doch vor diesem »Endsieg« steht das Endspiel, das die bundesdeutsche Mannschaft nach einem wechselvollen Turnier tatsächlich gegen den Favoriten Ungarn bestreitet. In der 83. Minute steht es noch immer 2:2.

». . . und Boszik, immer wieder Boszik, der beste Läufer der Ungarn, am Ball.

Er hat den Ball, verloren diesmal – gegen Schäfer, Schäfer nach innen geflankt, Kopfball – abgewehrt. Aus dem Hintergrund müßte Rahn schießen ... Rahn schießt – Tor! Tor! Tor! Tor! Tor! – Tor für Deutschland!«

Die Nation vor den Schaufenstern, in den überfüllten Kneipen, in den Wohnzimmern ist elektrisiert, genauso wie die Fans im Stadion und der Rundfunkreporter Zimmermann, dessen Stimme sich überschlägt.

»3:2 für Deutschland, fünf Minuten vor dem Spielende. Halten Sie mich für verrückt, halten Sie mich für übergeschnappt. Ich glaube, auch Fußball-Laien sollten ein Herz haben, sollten sich an der Begeisterung unserer Mannschaft, an unserer eigenen Begeisterung mitfreuen ... und sollten jetzt Daumen halten. Viereinhalb Minuten Daumenhalten in Wankdorf ...«

Der Sekundenzeiger der Stadionuhr wird zum Folterinstrument einer ganzen Nation. Die letzten Minuten in Bern sind für die Deutschen eine Mischung aus Fegefeuer und Erlösungserwartung, aus Massenhysterie und nationaler Wiedergeburt.

»... 3:2 für Ungarn, aber jetzt wie von der Taran ... (leise aus d. Hintergrund: *»Für Deutschland!«) ... für Deutschland, ich bin auch schon verrückt, Entschuldigung, 3:2 für Deutschland, und die Ungarn, wie von der Tarantel gestochen lauern die Pußta-Söhne, drehen jetzt den siebten oder zwölften Gang auf, und Kocsis flankt, Puskas – Abseits, Schuß! – aber nein, kein Tor! Kein Tor! Kein Tor! Puskas Abseits! ...«*

Deutschland hat wieder Helden, die »Helden von Bern«, sie haben das »Wunder« vollbracht:

»Aus, aus, aus! Aus!! Das Spiel ist aus! Deutschland ist Weltmeister, schlägt Ungarn mit 3:2 Toren im Finale in Bern ...« Das Deutschlandlied, Orgien in Schwarz-Rot-Gold, Triumphzüge – das erste Mal seit dem Krieg feiern die Deutschen wieder die Nation – ohne Wenn und Aber!

Die elf Fußballer werden mit Ovationen und Emotionen belohnt – und den materiellen Insignien des Wirtschaftswunders: Es gibt eine Prämie von 1000 DM, dazu 200 Mark für jedes Spiel. Und Elektrogeräte, Wäsche, Lederkoffer.

»Unseren Stolz, unsere Freude und unseren ganz innigen Dank den elf Spielern im weißen Jersey und den schwarzen Hosen, die jetzt zur Gegentribüne hinüberlaufen und die deutsche Schlachtenkolonie begrüßen. Die Fahnen Schwarz-Rot-Gold sind drüben im weiten Rund zu sehen, und auch wir sind ergriffen ...«

Mathias Haentjes

7. Oktober 1955
Die letzten deutschen Soldaten kehren aus sowjetischer Gefangenschaft zurück

Wir sind die letzten Soldaten des großen Krieges ... Wir weinen und schämen uns der Tränen nicht!« Das verkündet der Sprecher des ersten Gefangenenkonvois aus dem sibirischen Swerdlowsk. Am 7. Oktober 1955, einen Monat nach Aufnahme diplomatischer Beziehungen zwischen der Bundesrepublik und der Sowjetunion, haben die Gefangenen das Lager Friedland erreicht. Für die deutsche Öffentlichkeit ist es eines der bewegendsten Ereignisse der 50er Jahre.

Rußland ist in den Nachkriegsjahren Traum und Trauma der Deutschen. Zehn Millionen deutsche Soldaten hatten im Zweiten Weltkrieg an der Ostfront gekämpft. Der Vernichtungskrieg gegen die Sowjetunion schlug auf Deutschland zurück. Ein Großteil der vier Millionen gefallenen Soldaten starb an der Ostfront, 3,15 Millionen gerieten in sowjetische Kriegsgefangenschaft, ein knappes Drittel von ihnen überlebte die Lager nicht.

Der Einmarsch der Roten Armee in die Osthälfte Deutschlands, die Übergriffe auf die Zivilbevölkerung und die rigide Sowjetpolitik in den eroberten Gebieten bestätigte die meisten Westdeutschen in ihrem von der NS-Propaganda geschaffenen Rußlandbild. Im Kalten Krieg wurde die Sowjetunion endgültig zum »Reich des Bösen«.

Für die ehemaligen Ostfrontsoldaten ist der Krieg die einschneidendste Erfahrung ihres Lebens. Die unendliche Weite Rußlands, die Kameradschaft unter den Soldaten, freundliche Kontakte mit der Bevölkerung – so sehen die schönen Erinnerungen aus. Ungeheure psychische und körperliche Strapazen, Kriegsverbrechen der Wehrmacht, Völkermord – das ist die andere Seite des deutschen Rußlandfeldzuges. Und Rußland ist das Thema: Stalingrad, der russische Winter, »Bandenkrieg«. Die Illustrierten bringen groß aufgemachte »Tatsachenberichte«, Romane. Auch das Schicksal der Kriegsgefangenen in der Sowjetunion ist ein erfolgreicher Illustrierten-Stoff: »Armee hinter Stacheldraht« oder »Der Arzt von Stalingrad« heißen die Serien, aus denen dann oft noch Buch- und Filmerfolge werden.

Im Jahr 1955 ist der Rußlandfeldzug für viele Deutsche aber auch ein ebenso konkreter, trauriger Teil des Alltags. Noch immer gelten über eine Million deutscher Soldaten im Osten als vermißt. Viele Ehefrauen, Freundinnen, Kinder, Eltern haben die Hoffnung noch nicht aufgegeben, diese Männer noch einmal wiederzusehen. Zwar hatte die Sowjetunion schon 1949 behauptet, daß bis auf 9717 Kriegsverbrecher keine Deutschen mehr in Gefangenschaft seien. Doch diese Zahl scheint zweifelhaft. Gefangenengedenktage halten die Hoffnung auf die Heimkehr von Hunderttausenden wach.

Im Mai 1955 entlassen die Siegermächte USA, Großbritannien und Frankreich die Bundesrepublik, die sich als alleiniger Rechtsnachfolger des Deutschen Reiches versteht, in die Souveränität. Die Hohen Kommissare werden zu Botschaftern, und die Westdeutschen werden Mitglied der NATO. Nur mit der Sowjetunion, dem vierten Sieger, unterhält die Bundesrepublik noch keine diplomatischen Beziehungen.

Bundeskanzler Adenauer hat auch nicht vor, Beziehungen zu Moskau aufzunehmen. Denn fast gleichzeitig mit der westdeutschen Souveränität ist die »SBZ«, die sowjetische Besatzungszone, als »Deutsche Demokratische Republik« Mitglied im neu gegründeten Warschauer Pakt geworden. Das bedeutet die diplomatische Anerkennung der DDR durch die Staaten östlich des »Eisernen Vorhangs«. Für Adenauer gilt: Wer die »sogenannte DDR« anerkennt, kann nicht auch mit der Bundesrepublik diplomatische Beziehungen haben.

Am 7. Juni 1955 lädt die Moskauer Regierung die Bundesrepublik zum Botschafteraustausch ein: Aufnahme voller diplomatischer Beziehungen, ein Handelsabkommen, ein Kulturabkommen, das sind die Moskauer Wünsche. Konrad Adenauer hat sich den Deutschen, aber auch den Westmächten immer als Hardliner präsentiert: Mit der Sowjetunion könne man nur Botschafter austauschen, wenn über die »Wiedervereinigung in Freiheit« geredet wird. Und dies auch erst dann, wenn die letzten Gefangenen freigelassen sind. Aber auf solche Vorbedingungen will man sich in Moskau nicht einlassen.

Mit dem festen Vorsatz, von seiner Linie nicht abzuweichen, reist Adenauer am 8. September 1955 nach Moskau – und wird als Staatsgast empfangen. Vier Tage lang wird verhandelt, geschrien, getrunken. Beide Seiten bewegen sich nicht. Die Deutschen wollen über die Wiedervereinigung und über die Gefangenen reden, bevor Botschaften eingerichtet werden. Die Sowjets wollen Botschafteraustausch ohne Vorbedingungen. Doch Adenauers Position ist schwächer als die der Moskauer Führung unter Chruschtschow und Bulganin. Der ganze Staatsbesuch – ein Sonderzug, zwei Flugzeuge, 80 Delegierte – ist ja schon ein Akt diplomatischer Beziehungen. Ein Abbruch der Verhandlungen wäre für die Bundesrepublik sehr nachteilig gewesen. Weder über die Wiedervereinigung noch über die Gefangenen wollen die Sowjets reden. Verärgert ordert Adenauer vorzeitig das Heimreise-Flugzeug. Im letzten Moment bietet Bulganin sein Ehrenwort: Im Gegenzug zur Aufnahme diplomatischer Beziehungen sollen alle Kriegsgefangenen entlassen werden. Schriftlich gibt es dieses Angebot nicht: »Das Wort eines Sowjetmarschalls ist mehr wert als jedes Blatt Papier«, sagt Bulganin.

Das Angebot ist weit weniger, als die Deutschen aus Moskau mitbringen wollten. Dennoch willigt Adenauer ein. Mit dem »Ehrenwort« reist er zurück nach Bonn – und wird begeistert empfangen. Die drohende diplomatische Niederlage wandelt sich zum Triumph.

Am 7. Oktober treffen die ersten Spätheimkehrer-Züge in Friedland ein. Bis Ostern 1956 sind alle noch Überlebenden – knapp 10 000 Kriegsgefangene und 20 000 »Zivilinternierte« – nach Hause zurückgekehrt. Sie kommen in eine Gesellschaft, die vielen von ihnen völlig fremd geworden ist. Noch Jahrzehnte später gilt Adenauers »Mißerfolg« in Moskau den Bundesbürgern als seine größte Leistung: die Heimholung der Gefangenen.

Mathias Haentjes

17. August 1956
Die KPD wird verboten

Na, da seid ihr ja. Hier ist nichts mehr zu holen.« Der Empfang der Polizeikommandos in den KPD-Büros der Bundesrepublik am 17. August 1956 ist fast herzlich, eine Begegnung zwischen alten Bekannten. »Wir brauchten die Akten und Mitgliederlisten nicht erst in den letzten Tagen fortzuschaffen, die sind schon seit Jahren woanders«, begrüßen die Bielefelder Kommunisten die Durchsuchungstrupps. Und in Düsseldorf informieren die Genossen den Polizeipräsidenten, man könne jetzt kommen.

Seit Freitag, den 17. August 1956, 9.30 Uhr ist die Kommunistische Partei Deutschlands (KPD) verboten. 57 Monate hat es gedauert, bis das Bundesverfassungsgericht in Karlsruhe gemäß Artikel 21 Absatz 2 des Grundgesetzes die Partei für verfassungswidrig erklären, die KPD auflösen, Ersatzorganisationen verbieten und die Beschlagnahme des Parteivermögens veranlassen konnte. Die von der KPD angestrebte »proletarische Revolution« und die danach vorgesehene »Diktatur des Proletariats«, heißt es in dem mehr als 400 Seiten umfassenden Urteil, sind mit der freiheitlich demokratischen Grundordnung der Bundesrepublik nicht vereinbar. Die Kommunisten wußten die Zeit seit November 1951, als die Bundesregierung unter Adenauer das Verbot ihrer Partei in Karlsruhe beantragte, zu nutzen. Als die Polizeikräfte im gesamten Bundesgebiet aufmarschieren und generalstabsmäßig Hunderte Wohnungen durchsuchen, 199 Parteibüros versiegeln, 35 Druckereien, Redaktionen und Verlage schließen, stehen sie zwar nicht mit leeren Händen da, aber die »Ausbeute« ist gering.

Lediglich Tonnen von Agitations- und Propagandamaterial können die Fahnder beschlagnahmen; Mitgliederlisten oder andere wertvolle Akten und Papiere finden sie keine mehr. (Foto: Beschlagnahme-Aktion in Hamburg). Immobilien sind längst abgestoßen oder an Personen übereignet, denen man einen Zusammenhang mit der KPD nur schwer nachweisen kann. Leergeräumt auch die Konten. 15,90 DM stehen auf dem Parteikonto zu Buche, als die Polizei die Gelder der Bremer Kommunisten sichern will. Rechtzeitig haben sich auch die Führer derVerfolgung entzogen und in die DDR abgesetzt; die rund 200 festgenommenen Parteikader sind kleine Fische.

Der Rückzug der 75 000 Mitglieder starken KPD in die Illegalität ist wohlorganisiert. Doch der politische Schaden für die Partei bleibt groß. Hunderte von Kommunisten verlieren ihre Mandate; allein in Nordrhein-Westfalen fliegen 312 Kommunisten aus den Gemeinde- und Kreisparlamenten. Dreizehn kommunistische Tages- und vier Wochenzeitungen werden mit einem Schlag eingestellt. Bundesinnenminister Gerhard Schröder ist zufrieden. Er resümiert, daß die Auflösung der KPD ohne Zwischenfälle verlaufen sei. Es sei die geräuschloseste Aktion dieser Art in einer Demokratie gewesen, ein rechtsstaatlicher Bereinigungsvorgang, der unumgänglich gewesen sei, meint der Minister.

Die befürchteten Proteste der Arbeiterschaft bleiben aus. Vollmundige Solidarität erfährt die KPD nur von den Genossen in der DDR.

Das Verbot trifft eine Partei, deren politischer Einfluß ohnehin im Schwinden begriffen war: 1956 ist die KPD nur noch in zwei Länderparlamenten vertreten. Vier Kommunisten sitzen im Bremer Senat, zwei Landtagsmandate hat die Partei in Niedersachsen. Schon bei den Bundestagswahlen 1953 sank sie auf 2,2 Prozent und scheiterte damit an der 5-Prozent-Hürde. Die Kommunisten sind, als das Verbot kommt, politisch längst tot. Eng Ost-Berlin und der SED unter Ulbricht verbunden, dem Marxismus sowjetischer Prägung ergeben, hat sich die KPD als stalinistische Partei ins Abseits manövriert. Klassenkämpferische Agitation und Umverteilungspropaganda finden im Westen nur wenig Anklang.

Dennoch werden die Kommunisten von der Adenauer-Regierung mit dem Ziel verfolgt, sie durch das Bundesverfassungsgericht verbieten zu lassen. *Der Spiegel* kommentiert: »Selbst das Bismarckreich, das von den Sozialdemokraten härter bedroht wurde als die Bundesrepublik von den Kommunisten, hat nicht zu diesem letzten Mittel gegriffen.«

Daß die Kommunistenhatz einhergeht mit der Debatte um die deutsche Wiederbewaffnung, ist kein Zufall. So werden 1951 unter anderem eine von der KPD forcierte Volksbefragung gegen die Aufrüstung verboten und im sogenannten »Blitzgesetz« auch der Tatbestand des Hoch- und Landesverrats ins Strafgesetzbuch eingeführt. Nicht nur Kommunisten lassen sich auf diese Weise wegen »politischer Straftaten« verfolgen und werden kriminalisiert. Die Adenauerzeit zeichnet sich nicht durch besondere Liberalität aus. Und die Verfolgung der Kommunisten eignet sich auch bestens dafür, sozialistische Ideen generell zu diskriminieren. Die Jagd der Bonner Regierung auf den schwachen politischen Gegner ruft selbst den Argwohn der SPD-Opposition hervor. Der *Vorwärts* schreibt, das KPD-Verbot könne der Adenauer-Regierung »eine Handhabe bieten, jedem, der mit ihrer Außen- und Wehrpolitik nicht konform geht, als kommunistisch infiltriert zu diffamieren und zu verfolgen«.

Heinrich Billstein

15. September 1957
Die Union gewinnt die absolute Mehrheit

Dr. Adenauer, es ist wahr, mag sehr wohl niemals einen verfassungswidrigen Akt unternommen haben. Es ist aber unzweifelhaft, daß seine eigenen Anhänger ihn mehr als einen vom Himmel gesandten Herrscher denn als einen gewählten Volksvertreter feiern.« Nicht nur die CDU-Anhänger, auch der Korrespondent des *Daily Telegraph* kommt aus dem Staunen nicht heraus, das der 81 Jahre alte Kanzler im Sommer 1957 während des Bundestagswahlkampfs hervorruft.

»ER kommt«, heißt es auf den Plakaten, in den Städten des Landes, in denen der »Alte« Station macht. Mit Lautsprecherwagen wird sein Erscheinen angekündigt; die erwartungsfrohe Anhängerschaft um »freundlichen und herzlichen Empfang« gebeten, Applaus inbegriffen. Und dann kommt ER.

Beifallsstürme und Masseneuphorie registrieren die Beobachter. Der Korrespondent der *Neuen Zürcher Zeitung* fühlt sich an frühere Zeiten erinnert »angesichts dieser Massen, in denen die offensichtlichen Relikte von Führerkult noch wirksam sind«. Der Kanzler ist überwältigt von seiner Popularität, sie scheint ihm selbst etwas unheimlich: »Schrecklich, überall diese gläubigen Augen.« Doch der alte Fuchs weiß sie zu nutzen. Begleitet von einem Journalistentroß tourt er mit einem Sonderzug, einem rollenden Kanzleramt, durch die Republik von Wahlauftritt zu Wahlauftritt. (Foto: Adenauer vor seinem Sonderzug, in dem er auf einem Abstellgleis übernachtet hat). Die Tour, schreibt ein mitreisender *Times*-Journalist, habe alle Momente einer Inspektionsreise, die ein Kolonialgouverneur durch eine unruhige Provinz unternehme.

Adenauer genießt seine Auftritte und sucht die »überwältigende Mehrheit« für sein klares Bekenntnis zum Westen, für seine Allianz mit den Amerikanern. In seinen Augen ist dies die einzige Möglichkeit, dem deutschen Volk auch in Zukunft Freiheit zu sichern. Adenauer gefällt sich in der Rolle des Führers der Nation. In diesen Momenten, gesteht er, kenne er keine Parteien mehr, sondern nur noch Deutsche.

Mit einem Paukenschlag hatte Adenauer den Wahlkampf eröffnet. Ein Sieg der Sozialdemokraten, glaubt Adenauer, sei der Untergang Deutschlands. Die SPD und ihre Führer wollten Deutschland zum Satelliten der Sowjets machen,

menetekelt er auf der Sonderzugreise durch den Westen. Denn die Amerikaner zögen sich aus ganz Europa zurück, und Moskau werde Europa bis zu den Pyrenäen überrollen, wenn man die Sozi-Clique ans Ruder ließe. Im engen Kreis gibt der gewiefte Wahlkämpfer den Unsinn seiner Untergangsparolen gern zu. Öffentlich steigert sich der alte Herr von Tag zu Tag; er führt einen knallharten Wahlkampf, als hätte er eine Mission zu erfüllen. Tatsächlich ist die Wahl eine Richtungsentscheidung. Die SPD will die Wiedervereinigung und die Abrüstung. Sie ist gegen die allgemeine Wehrpflicht und die atomare Ausrüstung der Bundeswehr. Adenauer hingegen setzt auf eine Bundesrepublik in der NATO unter amerikanischer Führung. Er will die Bindung an den Westen festschreiben. Daher, wettert der gläubige Katholik vom Rhein, gehe es am 15. September 1957 darum, ob Deutschland christlich bleibe oder kommunistisch werde.

Und darum zeigen Tausende von Wahlplakaten sein Versprechen: »Keine Experimente«, eifrig unterstützt von der katholischen Kirche, die die SPD für unwählbar erklärt und Abweichlern droht, der Herrgott stehe am 15. September mit in der Wahlkabine. Es wird nicht das letzte Mal sein, daß die Kirche Adenauer beisteht. Und bei seinen Versuchen, die Volkswut auf die vaterlandslosen Gesellen und sozialistischen Wirrköpfe der SPD zu lenken, erhebt Adenauer auch Herbert Wehner endgültig zum Bürgerschreck. Zeit seines Lebens wird der SPD-Abgeordnete fortan fester Bestandteil jeder CDU-Kampagne sein.

In 42 Wahlversammlungen, quer durch die Republik, polemisiert Adenauer gegen seine innenpolitischen Gegner. 78 Stunden, so haben seine eifrigen Helfer gezählt, stritt der Alte für die christlichen Werte der Union. Am Ende ist er 21 000 Kilometer unterwegs, um seine Partei zum dritten Mal als Sieger in den Bundestag zu führen. Der Wahlkampf 1957 ist der Kanzlerwahlkampf schlechthin.

Alles ist auf Adenauer zugeschnitten. Er weist die Richtung der Kampagne, gibt ihr Struktur und bestimmt die Inhalte. Daß der Bundestag gewählt wird und nicht der Bundeskanzler, gerät fast in Vergessenheit. Und Adenauer weiß um seinen Kanzlerbonus.

Demagogische Tricks, sprachliche Entgleisungen und Polarisierung sind ihm dabei so vertraut, wie die Logik ihm fremd zu sein scheint. Sprachliche Finessen sind nicht seine Stärke. »Daß seine eigene Rede meist ebenso wirr ist, auf Beweisführungen tunlichst verzichtet und nicht selten keinen druckreifen Satz enthält, fällt den Zuhörern nicht weiter auf«, berichtet die *Süddeutsche Zeitung* aus dem Sonderzug. Dr. Adenauer habe eben eine Simplizität, die nach Vergebung rufe, schreibt die *Times* über den begnadeten Wahlkämpfer aus Bonn.

Das Trommelfeuer gegen die Clique der vaterlandslosen, unanständigen SPD-Führer zeigt Wirkung. Die SPD und ihr Spitzenkandidat und Parteivorsitzender Erich Ollenhauer haben keine Chance. Mit großen Hoffnungen sind die Sozialdemokraten noch in den Wahlkampf gegangen, um nach acht Jahren Union und Adenauer endlich von der Macht zu verdrängen. Ihre Parole: »Diesmal SPD«. Vergebens. Am 15. September erreicht zum ersten und bisher letzten Mal in der deutschen Parlamentsgeschichte eine Partei in freien Wahlen die absolute Mehrheit. 50,2 Prozent der Stimmen entfallen auf die Christdemokraten. Die SPD erhält 31,8 Prozent der Stimmen. Adenauer ist auf dem Höhepunkt seiner Macht. Die zweite Hälfte der Adenauer-Ära hat begonnen. Es bleibt alles beim »Alten«.

Heinrich Billstein

1. Oktober 1958
Elvis in Deutschland

Das ist Helge Rothenbergs Chance. Die Uhr zeigt 9.22 Uhr. In den frühen Morgenstunden des 1. Oktober 1958 hat sich der Lehrling von seiner Lehrstelle fortgeschlichen, um mit dabei zu sein, wenn der King of Rock 'n' Roll in Bremerhaven seinen Fuß zum ersten Mal auf den Boden der Alten Welt setzt. Hunderte von Jugendlichen, Backfische und Halbwüchsige, drängeln sich an der Columbuskaje, kämpfen um die besten Plätze.

Weiträumig hat die amerikanische Militärpolizei die Anlegestelle des Truppentransporters USS *General G.M. Randall* abgesperrt. Allenfalls ein Blick, ein Lächeln von Elvis »Preßluft«, wie die deutschen Verehrer den Mann mit der Schmalztolle liebevoll nennen, sind zu erhaschen. Autogramme des King bleiben wohl ein Traum; zu streng ist das Reglement der US-Militärs. GIs geben keine Autogramme, wenn sie ihre Pflicht fürs Vaterland erfüllen. Das gilt auch für den Gefreiten Elvis Aaron Presley. Doch Helge Rothenberg nutzt die Gunst des Augenblicks, seine Ortskenntnisse und eine Unaufmerksamkeit der gestrengen Militärpolizei, um aus seinem Versteck hervorzuschießen, als Amerikas prominentester Soldat auf der Gangway erscheint.

Elvis soll lieber mit seinem Gesang für Amerika und für die Armee werben, machen sich die US-Zeitungen noch Monate zuvor für den Schlagermillionär aus Tennessee stark. Millionen Dollar an Steuereinnahmen gingen verloren, klagen sie, wenn der Superstar seine Stimme nur auf dem Kasernenhof erhebt.

Doch die Goldkehle des ehemaligen Elektrolehrlings und Lastwagenfahrers beeindruckt die Militärs keineswegs. Eine Sonderkommission in Washington befindet, daß Presley seinen Dienst ableisten muß. Und der Oberkommandierende in Europa entscheidet persönlich, daß *Private* (Soldat) Presley wie jeder andere GI behandelt werden soll. Also schiebt der 23 Jahre alte Rekrut mit dem schlafäugigen Blick eines jungen Mannes, der nach einer ordentlichen Sauferei morgens um halb fünf das Tageslicht erblickt, wie es im *Spiegel* heißt, als Jeepfahrer beim 32. Panzerbataillon der 3. US-Armee im hessischen Friedberg Dienst. 108,37 Dollar Sold im Monat zahlt die Army dafür dem Multimillionär, freilich ausgestattet mit dem ei-

nen oder anderen Privileg, wie etwa 150 maßgeschneiderten Uniformen, einer Villa, ein paar Bodyguards oder einem Sportwagen, mit dem der prominente Soldat gelegentlich in exklusive Freizeitaktivitäten mit deutschen und anderen Sternchen entflieht. Ansonsten dient der Frauenschwarm, siebzehn Monate lang von seinen Fans heftig belagert, seinem Land. Singen wird er in dieser Zeit nicht. Seiner Karriere und seinem Ruf tut dies keinen Abbruch. Was, so rätseln die Zeitungen, als Elvis auch Deutschland im Sturm erobert, ist dran an dem größten Schlagerstar, den die US-Unterhaltungsindustrie bis zu diesem Zeitpunkt hervorgebracht hat?

Jedes Auditorium verwandelt der »Zitteraal« mit der Bariton-Stimme in einen Hexenkessel von kreischenden, exaltierten Halbwüchsigen. Spielend beherrscht der Rock-'n'-Roll-Sänger, der über zweieindrittel Oktaven beliebig verfügen kann, sein Publikum. Seine Auftritte sind wie ein Hochdruckdampfkessel, bei dem Presley das Sicherheitsventil zerbricht, schreibt ein amerikanischer Kritiker. Seit Marlon Brando zu einem Gentleman mutiert und James Dean tödlich verunglückt ist, gilt der Künstler aus Tennessee als neue Symbolfigur der rebellischen Jugend. Er führt den Aufstand gegen die stromlinienförmige Gesellschaft und vor allem gegen die kitschigen Schlager der Nachkriegszeit mit ihrer süßlichen, sentimentalen, mit Melancholie und Sehnsucht überzuckerten Musik an. Seine Mittel sind seine vitalen, harten Songs. Die rhythmische Intensität der »männlichen Atombombe« mit der »Entenfrisur«, die wie ein Naturereignis über Amerika hereinbricht, verkauft in wenigen Jahren 50 Millionen Schallplatten und erobert die Welt der Jugend.

Aber Presley, der nach eigenem Bekunden weder fehlerfrei Gitarre spielen noch Noten lesen kann, singt nicht nur; er ist auch sexy, sein kreisender Hüftschwung immer ein wenig anstößig. Für diese hüftschwingenden Auftritte, die ihm den Namen »Elvis, the pelvis«, das Becken, einbringen, wirbt die Schallplattenindustrie mit dem Slogan: »Elvis singt, wie die Monroe geht.« Tatsächlich geht es bei dem Rock 'n' Roller mit dem musikalischen Unterleib um pure Lust, so daß die weiblichen Anhänger nicht nur von Kälte- und Hitzeschauern geplagt werden, sondern sich zuweilen auch ihrer Unterkleidung entledigen und sie auf die Bühne werfen, wie Beobachter pikiert registrieren.

Presleys Musik und Auftritte sind auch ein Verstoß gegen die guten Sitten in der deutschen Schlagerwelt. Viele Sender verweigern sich der »Negermusik« der »Heulboje« aus Amerika, denn das deutsche Liedgut hat sich seit den unseligen Zeiten kaum gewandelt. Und nach 1945 ist der Schlagerapparat schnell von Kriegs- auf Friedensproduktion umgestellt worden. Dieselben Leute, dieselben Lieder, ähnlich wie in anderen Bereichen der Gesellschaft. Wer Rudi Schuricke, dem ewigen Säuseln der Caprifischer und dem Schlagerkitsch entfliehen will, der muß schon den US-Soldatensender AFN einstellen, um überhaupt den Rock 'n' Roll eines Bill Haley, Pat Boone oder Elvis hören zu können. Eingeengt in das spießige Korsett der Adenauer-Zeit, suchen auch die deutschen Halbstarken, wie ihre Vettern in Amerika, nach einem Ausbruch aus der Lebensweise ihrer Eltern. Hier wie dort wird der Protest schnell abgefangen, kanalisiert und kommerzialisiert. Rock 'n' Roll ist am Ende auch ein gigantisches Geschäft.

Im März 1960 zieht Elvis seinen Soldatenrock aus und verläßt als Sergeant die Army. Gesungen hat der King in Deutschland nie. Helge Rothenberg hat sein Autogramm auch nie bekommen: »Elvis hatte schon den Stift gezückt, aber dann haben mich die Militärpolizisten weggerissen.«

Heinrich Billstein

26. September 1959
Marsch der Bergarbeiter auf Bonn

Ein wirtschaftliches Stalingrad bereitet sich vor, ein Stalingrad, nicht basierend auf den militärischen Auseinandersetzungen im Winter 1943 an der Wolga, sondern wirtschaftspolitisch an Rhein und Ruhr.«

Heinrich Gutermuth, der Vorsitzende der Industriegewerkschaft Bergbau, malt zu Beginn des Jahres 1959 ein düsteres Bild: Der Kampf um die Kohle. Die eingekesselte Armee, das sind die 600 000 deutschen Bergleute, »die in

schwerster Stunde nach dem Zusammenbruch, ausgehungert und verelendet zu ihrem Volke standen und von der Kohle her den Aufstieg der Wirtschaft ermöglichten«. Der Feind, das sind »Spekulanten, übelste Geschäftemacher, Finanzhyänen, Partisanen der Wirtschaft«. Mitschuldig ist – so sieht es der Gewerkschaftsführer – die Bundesregierung. Ganz besonders Wirtschaftsminister Ludwig Erhard.

In den 50er Jahren war im Ruhrgebiet jeder dritte in der Montanindustrie tätig; jeder zweite Arbeitsplatz war von Kohle und Stahl abhängig. Die Kohle war der Treibstoff der Wirtschaft, das Ruhrgebiet der »Kraftquell Europas«, wie es einer der pathetischen Aufbaufilme der Nachkriegszeit formuliert. Kohle, »das schwarze Gold«, war im Nachkriegseuropa ein knappes und wertvolles Gut. Und ein großer Teil von Europas Kohle kam von der Ruhr.

1951 war mit der Montanunion, der »Europäischen Gemeinschaft für Kohle und Stahl«, die Produktion des Ruhrgebiets in ein übernationales Verteilungs- und Kontrollsystem integriert worden. Auf Druck der Alliierten waren die großen deutschen Kohle- und Stahlkonzerne entflochten worden; aber große, miteinander kooperierende Bergwerksgesellschaften gab es immer noch. Im Jahr 1951 hatten sich die Arbeiter in der Schwerindustrie und im Bergbau das Mitbestimmungsrecht gesichert.

Die Bergleute mit ihrer harten und gefährlichen »Maloche« waren die Könige der Arbeiter. Ohne sie lief in der Wirtschaft nichts. Die Kohle lieferte den Strom, den Dampf, der die Maschinen antrieb. Die Bergleute erhielten die höchsten Lebensmittelzuteilungen, später den höchsten Lohn. Es galt die Parole »Bergmannslohn ist Spitzenlohn«. Bergleute waren gefragt, wurden überall angeworben. Sie blickten einer goldenen Zukunft entgegen – so schien es. Auch die Bergwerksgesellschaften glaubten an die Unersetzbarkeit der deutschen Kohle.

Nachdem am 1. April 1956 die bis dahin staatlich regulierten Kohlenpreise freigegeben waren, drehten die Zechengesellschaften kräftig an der Preisschraube. Fast gleichzeitig hob der überzeugte Marktwirtschaftler Ludwig Erhard die Schutzzölle auf, die bis dahin das Heizöl verteuert hatten. Auch die Weltpolitik hatte sich gedreht. Nach der Suezkrise wurde der bis dahin teure Schiffsraum zur Billigware. Es lohnte sich wieder, Öl und leicht zu gewinnende US-Kohle von Kontinent zu Kontinent zu transportieren. Innerhalb kürzester Zeit konfrontierten die Kräfte des Marktes die bis dahin in einem planwirtschaftlichen Biotop existierenden deutschen Kohlengruben mit den harten ökonomischen Realitäten. Heizöl war plötzlich viel billiger als Briketts.

Importe aus den USA machten der Ruhrkohle, die mit veralteter Technologie aus wenig ergiebigen Untertage-Vorkommen gewonnen wurde, Konkurrenz. Mit einem Schlag wurde die Bundesrepublik zum Energie-Einfuhrland. 1957 gab es noch keine Kohlenhalden, Ende 1958 hatten die Zechen schon 14 Millionen Tonnen, ein Zehntel der Jahresproduktion, auf Halde gekippt. Bis zum Jahresende hatten die Bergleute bereits drei Millionen unbezahlte Feierschichten machen müssen und so erheblich an Einkommen eingebüßt. Nun forderten die Zechengesellschaften den Abbau von 100 000 Arbeitsplätzen.

Das »Stalingrad an der Ruhr« soll durch die Fünftagewoche abgewendet werden. Das ist der Plan der Gewerkschaft, und tatsächlich setzt sie im Frühjahr 1959 diese Verkürzung der Arbeitszeit durch. Doch für weniger Arbeit gibt es auch – vorerst – weniger Geld. Und noch spüren die Bergleute keinerlei Effekt aus dem Lohnverzicht. Im Sommer wird die erste große Zeche in Duisburg geschlossen. Dies ist das Signal für Arbeiterkundgebungen, wie sie die Wirtschaftswunderrepublik Deutschland noch nicht erlebt hat. Sie fordern Ersatzarbeitsplätze und Bezahlung für die bisher ausgefallenen und in Zukunft ausfallenden Schichten. Adressat: die Bonner Regierung.

Ludwig Erhard, der Apostel der Marktwirtschaft, hat die Kohlenkrise bis dahin eher abwartend behandelt. Für ihn ist der Niedergang an der Ruhr ein wichtiger Umstrukturierungsprozeß. Die Bundesrepublik muß weg von der Monokultur der Kohle. Der damit einhergehende Preisverfall kommt schließlich dem Verbraucher und damit auch dem Arbeiter zugute. Das ist Erhards Credo.

Doch mit marktwirtschaftlichen Glaubensbekenntnissen geben sich die Kumpel und ihre Gewerkschaft nicht zufrieden. Dafür können sie sich nichts kaufen. Die Kohle wird zum heißesten innenpolitischen Thema. Für den 26. September ruft die IG Bergbau zum Marsch auf Bonn: Am Vorabend treffen sich die Gewerkschafter mit dem Wirtschaftsminister.

Die Bundesregierung hat ein Hilfsprogramm für die Kumpel beschlossen; die Lohnausfälle durch Feierschichten sollen aus der neuen Heizölsteuer bezahlt werden. Ein ordnungspolitisches Zugeständnis des überzeugten Marktwirtschaftlers Ludwig Erhard. Aber der Wirtschaftsminister sagt den Gewerkschaftsbossen noch einmal die bittere Wahrheit, die sie selbst schon längst kennen, ins Gesicht. Die Kohle steht erst am Anfang ihres Niedergangs, und dies ist »weder eine Katastrophe noch ein Chaos«.

Generalstabsmäßig ist der Marsch auf Bonn organisiert, und tatsächlich sitzt, so recherchiert es die *Süddeutsche Zeitung*, im Organisationsbüro der Gewerkschaft ein Ex-Generalstäbler, der die Marschkolonnen der Kumpels befehligt. Die sechzigtausend, die friedlich durch die Straßen der Bundesrepublik ziehen, sollen noch einmal Druck machen. Druck auf die Regierung, damit sie die Hilfsversprechen auch wirklich einlöst. Die militanten Töne vom Jahresanfang scheinen ihre Wirkung getan zu haben. Doch die Gewerkschafter, vorneweg Heinrich Gutermuth, wissen, daß dies ein Rückzugsgefecht ist. Das martialische Bild vom »Kohlen-Stalingrad« trifft zu. Der Sommer 1959 ist der Wendepunkt der Energiepolitik und der Beginn des Niedergangs der Kohle von der Ruhr.

Mathias Haentjes

Sommer 1960
Urlaub – Die Deutschen strömen aus

Die Wettervoraussagen für den deutschen Sommer 1960 sind schlecht. Wie so oft. Gegen die trüben Aussichten in der Heimat sind die langen Wartezeiten am Großglockner dagegen das reinste Vergnügen. In Zehnerreihen, Stoßstange an Stoßstange, warten die sonnenhungrigen Teutonen geduldig darauf, in ihre südlichen Nachbarländer einzufallen.

Dabei ist die beschwerliche Anreise über überfüllte Autobahnen und verstopfte Alpenstraßen nur die erste Etappe. Nach der Grenze und langwierigen Paß- und Zollkontrollen geht es nur schubweise über den Berg. Die Straßen und Wege der Alpenpässe im Süden sind für den Ansturm aus dem Norden nicht geschaffen. Zu eng, zu schlecht, zu gefährlich. Für solche Beanspruchungen sind auch die Autos noch nicht gebaut. So mancher Urlaub ist wegen platter Reifen und überhitztem Motor schon zu Ende, noch ehe das gelobte Land im Süden erreicht ist.

Seit Mitte der 50er Jahre haben die Deutschen das Ausland wiederentdeckt. Nicht vornehme Zurückhaltung angesichts der wenig schmeichelhaften Vergangenheit hält die Deutschen zurück, sondern das Geld. Aber es sind nicht nur die Devisen, die fehlen. Nur wenige Bundesbürger können sich bis dahin einen Urlaub im Ausland leisten. Für viele sind selbst Ferien im eigenen Land unerschwinglich; sie sind zu Beginn der fünfziger Jahre oft nur Ausflüge in die unmittelbare Umgebung – Wanderungen oder Fahrradtouren in den traditionellen Urlaubsgebieten wie Harz, Schwarzwald, Sauerland, Oberbayern oder an der Nord- und Ostsee. Erst allmählich entwickelt sich die Tourismusbranche im Lande. Und sie ist zunächst auf die Ferien im eigenen Land ausgerichtet. Ruhpolding steht am Anfang des deutschen Tourismuswunders. Zu Tausenden werden Urlauber aus Norddeutschland und dem Ruhrgebiet mit Pauschalreisen von Touropa per Bahn nach Bayern »verschleppt«; 175 Mark kosten zwei Wochen Vollpension ab Dortmund inklusive der Begrüßung durch eine krachlederne Blaskapelle. Für viele Deutsche ist dies auch eine Flucht aus den zerbombten Städten in die heile, unzerstörte Natur. Schon bald wird dies nicht mehr ausreichen. Immer mehr wollen nicht nur für den Wiederaufbau die Ärmel hochkrempeln. Man

sehnt sich nach zwangloser Mobilität. Mit Wirtschaftswunder und Vollbeschäftigung wächst schließlich auch die Möglichkeit, längeren Urlaub zu machen. 1955 werben die Gewerkschaften mit dem Slogan »Urlaubsgeld erschließt die Welt« für den gesetzlichen Mindesturlaub. Mindestens zwölf Tage inklusive Samstag sind seit 1948 in den einzelnen Länderurlaubsgesetzen den Arbeitnehmern garantiert. Als 1963 im Bundesurlaubsgesetz mindestens achtzehn Werktage festgelegt werden, haben die Gewerkschaften in vielen Fällen bereits mehr ausgehandelt.
Der wirtschaftliche Aufschwung bringt die Träume erst richtig auf Touren. Bis Mitte der fünfziger Jahre träumt man nur von der Ferne, dann fährt man. Bis dahin sind Auslandsreisen abenteuerliche Trips, Studienfahrten, ein Privileg der Wohlhabenden.
Reisen wird zur sozialen Errungenschaft, ein geeignetes Mittel, sozialistischen Parolen Paroli bieten zu können. Bei Sonne, in Shorts und Sandalen läßt sich schwerlich für die Rettung der Welt kämpfen. Den Brüdern und Schwestern im Osten, die neidvoll auf das Reisefieber ihrer westlichen Verwandten blicken, bleibt allenfalls eine Ansichtskarte aus Rimini, Napoli, vom Gardasee

oder aus Tirol. Gleichwohl kann sich 1954 auch im Westen nur ein Viertel der Deutschen überhaupt eine Urlaubsreise leisten, 1962 sind es knapp 30 Prozent.

Der Wunsch nach Ferne wächst beständig. Deutsche Schlager verbreiten die Sehnsucht nach verlockenden, unbekannten Regionen. Schwärmen zu Anfang, ganz dem Trend und dem Portemonnaie entsprechend, die schlichten Melodien noch von Kufstein, dem Zillertal und dem Königssee, gehört Vico Torrianis Landeswerbung »In der Schweiz . . .« schon bald zu den meistverkauften Schallplatten.

Das Traumziel aber ist Italien. Zwar fahren weiterhin mehr nach Österreich und an andere deutschsprachige Urlaubsorte, doch Italien ist richtiges, wirkliches Ausland. Neben der harten Mark und der wachsenden Urlaubsdauer ist der Boom der Autoindustrie die wichtigste Voraussetzung für die deutsche Eroberung des Südens. Schon Ende der fünfziger Jahre haben der eigene Wagen, das Moped oder der Roller in der Heimat die Campingfreuden kräftig angeheizt. Jetzt wagen sich Zeltfreunde auch an die Strände und Ufer Italiens. Und nicht nur Sonne und Meer locken die deutschen Autofahrer über die Alpen. Die Versorgung dort ist billiger als anderswo im Ausland, und vor allem gibt es – im Gegensatz zu vielen anderen europäischen Ländern – im Lande nicht so viele Ressentiments gegenüber den Fremden.

Jetzt träumen auch die Troubadoure und Schlagersternchen vom »Caprifischer«, von »Chiantiwein« und »O mia bella Napoli« oder den »Zwei kleinen Italienern«. Wer zu Hause geblieben ist, der muß die Diaschau der Heimkehrer vom Eroberungszug über sich ergehen lassen oder die weite Welt in den touristischen Trophäen wie der obligatorischen bastumflochtenen Chiantiflasche, der beleuchteten Gondel, der Lavavase oder dem Muschelkästchen bewundern, die von nun an die Vitrinen der deutschen Wohnzimmer schmücken. Der neue Trend heißt »Riviera-Stil«, und zu Hause kann man jetzt »essen wie in Italien«. In deutschen Küchen bricht eine Revolution aus; Fertiggerichte wie Ravioli und Miracoli kommen auf den Tisch, verdrängen die Kartoffel.

Noch kann nicht jedermann in die Ferne, schon gar nicht mit dem eigenen Auto. Doch 3,7 Millionen Deutsche fuhren 1960 über die Grenze. Und das Reisefieber ist nicht mehr zu stoppen. Schon bald werden billige Charterflüge angeboten. Und dann geht es nach Mallorca.

Heinrich Billstein

13. August 1961
Bau der Berliner Mauer

Als Walter Ulbricht noch im Juni 1961 öffentlich behauptet: »Niemand hat die Absicht, eine Mauer zu errichten«, da denkt der SED-Chef schon längst daran, Ost-Berlin gegenüber dem Westen der Stadt abzuschotten: Doch aus Moskau kommt noch kein grünes Licht. Erich Honecker jedenfalls, der ZK-Sekretär für Sicherheitsfragen, ist bereits beauftragt, den Schutzwall gegen den Flüchtlingsstrom vorzubereiten.

Mehr als 200 000 Menschen sind jedes Jahr seit 1955 aus der DDR geflohen. Fast drei Viertel kommen durch das Schlupfloch West-Berlin. 1961 schwillt der Exodus von Monat zu Monat an. Allein im Juli suchen 30 444 Republikflüchtlinge, vor allem junge Menschen, Zuflucht im Westen: Arbeiter, Handwerker, Angestellte, Ingenieure, Lehrer, Ärzte, Schüler, Studenten – die DDR blutet aus.

Am 4. August erhält der SED-Chef in Moskau die Zustimmung der Parteichefs des Warschauer Paktes, »Maßnahmen zur Sperrung der Sektorengrenze in Berlin« einzuleiten. Um zwei Uhr morgens, am Sonntag, dem 13. August, fahren Schützenpanzer an der 49,9 Kilometer langen Sektorengrenze auf. In ihrem Schutz bilden Soldaten der Volksarmee, Volkspolizei und Betriebskampfgruppen mit Maschinenpistolen und aufgepflanztem Bajonett eine lebende Mauer, die den Osten vom Westen abriegelt. Dann rammen Arbeitskolonnen Betonpfähle in das Pflaster, ziehen Stacheldraht auf und errichten spanische Reiter.

Fassungslos und ohnmächtig beobachten die West-Berliner an der Sektorengrenze, wie ihre Stadt geteilt wird (Foto: Szene an der Bernauer Straße); empört und wutentbrannt beschimpfen sie Ulbrichts Baukolonnen, die zwei Tage später die Stacheldrahtverhaue durch erste Betonplatten ersetzen. Mit jedem Tag wächst die Mauer und spaltet die Stadt ein wenig mehr, durchschneidet Straßen, zerreißt Freundschaften und entzweit Familien. Doch noch können die West-Berliner ungehindert in den Osten gelangen; nur für die Ost-Berliner und DDR-Bürger ist der Weg in den Westen versperrt. Das Ulbricht-Regime kommentiert den »antifaschistischen Schutzwall« als eine Sicherung des Friedens.

Der Westen ist von dieser »Friedenstat«

überrascht. Mit einem Mauerbau hat man nicht gerechnet. Hilflos flüchtet man sich in die üblichen Floskeln vom endgültigen Bankrott einer 16jährigen Gewaltherrschaft, von einer Niederlage Ulbrichts und einem Sieg des Westens. In Wirklichkeit ist die Abriegelung zu diesem Zeitpunkt eine wohldurchdachte Sanierungsmaßnahme für die DDR.

Die Amerikaner fassen sich nach dem ersten Schock am schnellsten. Es gibt keinen Grund zum Eingreifen: Die Anwesenheit der US-Truppen, das Recht auf freien Zugang und die Lebensfähigkeit der Stadt sind nicht gefährdet. Für die Befreiung Ost-Berlins, für die Wiedervereinigung Deutschlands, für die Ignorierung eines zweiten deutschen Staates in den Krieg zu ziehen – dazu ist der junge US-Präsident Kennedy nicht bereit. »Gehen Sie ins Stadion, wie Sie wollen«, sagt er seinem Außenminister nach einem kurzen Krisengipfel. »Ich gehe segeln.«

Und auch der britische Premierminister Macmillan unterbricht seine Schnepfenjagd ebensowenig wie in Frankreich Präsident de Gaulle das Wochenende auf seinem Landsitz. Sie alle wissen: Jede andere Maßnahme der SED-Führung zur Rettung der DDR als der Mauerbau wäre für den Weltfrieden gefährlicher. Und daß der Machtbereich der westlichen Schutzmächte in der Stadt

nicht berührt wird, darauf sind die Mauerbauer strengstens bedacht. Das weiß auch der sowjetische Parteichef Chruschtschow, der wie seine westlichen Gegenüber keinen Grund sieht, den Sommerurlaub in Sotschi abzubrechen.

Als hasenherzig empfinden die Deutschen und vor allem die Berliner die Zurückhaltung ihrer Schutzmächte. Die Amerikaner sollten endlich Härte zeigen, fordern 250 000 Berliner am 16. August vor dem Schöneberger Rathaus. In einem verzweifelten Brief an den US-Präsidenten drängt Berlins Regierender Bürgermeister Willy Brandt zum Handeln. Untätigkeit und reine Defensive, so Brandt, könnten sonst in West-Berlin eine Vertrauenskrise gegenüber den Westmächten hervorrufen. John F. Kennedy, der den Brief nicht eben wohlwollend aufnimmt, betont noch einmal, daß nur Krieg, den keiner wolle, »die brutale Schließung der Grenze« rückgängig machen könne. Zur Beruhigung schickt er seinen Vizepräsidenten und 1500 GIs nach West-Berlin. Kennedy selbst kommt nicht.

Auch der Kanzler in Bonn hält sich zurück, läßt auf sich warten. Es ist Wahlkampf, und Adenauer, der sich ungern stören läßt, ist eifersüchtig auf seinen Berliner Rivalen Brandt, der seit dem 13. August fortwährend im Rampenlicht steht. Auf einer Veranstaltung geht Adenauer später sogar einmal soweit, zu behaupten, die Berlin-Krise sei eine bewußte Wahlhilfe Moskaus für die Sozialdemokraten.

Am 22. August, zehn Tage nach der Teilung der Stadt, kommt auch der Kanzler endlich nach Berlin. »Hurra, der Retter ist schon da«, spötteln die Berliner. Mehr als beruhigende Floskeln weiß aber auch Adenauer nicht zu verkünden. Die traditionelle, seit 1949 verfolgte Deutschlandpolitik Bonns ist gescheitert. Das dämmert allmählich auch dem Sozialdemokraten Willy Brandt. Die Amerikaner sind langfristig bereit, für die Beendigung der Krise, die Erhaltung des Friedens und die Freiheit Berlins Zugeständnisse an den Osten zu machen, die für Bonner Ohren geradezu verräterisch klingen: Anerkennung der Oder-Neiße-Grenze und Inkaufnahme des Ulbricht-Staates.

Doch noch ist die Spaltung der Stadt nicht beendet. Zehn Tage, nachdem die Ost-Berliner mit dem ersten Stacheldraht eingesperrt wurden, sperrt am 23. August das Ulbricht-Regime die West-Berliner aus. Nur wer einen Passierschein hat, darf nach drüben in den Ostteil. Jetzt erst ist die Spaltung perfekt. Die ersten Schüsse fallen. Im Humboldthafen wird am 24. August ein junger Ost-Berliner, der schwimmend in den Westen fliehen will, erschossen. Sein Name: Günter Lifin; er ist 24 Jahre alt.

Heinrich Billstein

26. Oktober 1962
Die »Spiegel«-Affäre

Der Kanzler wittert Verrat. Mehr noch. »Wir haben einen Abgrund von Landesverrat im Lande!« verkündet Bundeskanzler Adenauer am 7. November 1962 vor dem Deutschen Bundestag. Und noch bevor die Gerichte überhaupt darüber befunden haben, benennt er auch gleich den Hauptschuldigen und verrät den Abgeordneten, warum er am liebsten dessen Zeitschrift für ihre staatsbürgerliche Untreue verurteilt sähe: »Herr Augstein verdient am Landesverrat, und das finde ich einfach gemein; er verdient an allgemeiner Hetze auch gegen die Koalitionsparteien.«
Dreizehn Tage zuvor hat die Regierung den bis dahin schwersten Angriff auf die Pressefreiheit in der Republik gestartet. In der Nacht des 26. Oktober 1962 stürmen unter der Leitung des späteren Generalbundesanwalts Buback Beamte der Sicherungsgruppe Bonn des Bundeskriminalamts und Schupos die Redaktionsbüros des *Spiegel* in Hamburg und Bonn. Sie besetzen Redaktionsräume und Telefonzentrale, Archiv und Buch-

haltung, Fotolabor und Rechtsabteilung, versiegeln alle Räume, beschlagnahmen Dokumente, Manuskripte, Aufzeichnungen und Akten und verhaften schließlich die beiden Chefredakteure des Blattes sowie zwei weitere Redakteure. Auch Privatwohnungen durchsuchen die Fahnder nach staatsfeindlichem Material. Faktisch kommt der nächtliche Einsatz des Bonner Sonderkommandos einer Aussperrung der 209 Journalisten und Mitarbeiter gleich.

Nur mit Mühe gelingt es den Redakteuren, die Schlußredaktion der kommenden Ausgabe sicherzustellen. Den Chef vom Dienst nötigen die Beamten, die Druckfahnen der nächsten *Spiegel*-Ausgabe für eine Art verfassungswidrige Vorzensur auszuhändigen.

Anlaß für den Handstreich ist eine am 10. Oktober im Nachrichtenmagazin erschienene kritische Titelgeschichte »Bedingt abwehrbereit« über die Bewaffnung der Bundeswehr und die Politik des Verteidigungsministers Franz Josef Strauß, die Bundeswehr mit Atomwaffen aufzurüsten. Für die Bundesstaatsanwaltschaft, vom Verteidigungsminister bestens vorbereitet und gerüstet, ein eindeutiger Fall von Landesverrat. Und da man in Bonn mutmaßt, diese Informationen hätten Bundeswehroffiziere für Geld preisgegeben, wird den Zeitungsleuten auch aktive Bestechung vorgeworfen.

Der ungeliebte *Spiegel*-Herausgeber Rudolf Augstein, den sie für den Drahtzieher des Verrats halten, kommt in Untersuchungshaft. (Foto: Augstein, Mitte, in Begleitung von Sicherheitsbeamten). Den Autor des inkriminierten *Spiegel*-Titels, Conrad Ahlers, der in Spanien Urlaub macht, läßt die Regierung samt Ehefrau widerrechtlich durch die Franco-Polizei mitten in der Nacht im Hotel verhaften.

Dabei nutzt der Verteidigungsminister den kleinen Dienstweg und weist seinen untergebenen Militärattaché in Madrid unter Vorspiegelung falscher Tatsachen an, die Verhaftung des Redakteurs in die Wege zu leiten.

Immer mehr wird aus der *Spiegel*-Affäre eine Affäre »Strauß«. Dreist leugnet der Verteidigungsminister zunächst seine spanische Aktion und seine Beteiligung an der *Spiegel*-Affäre überhaupt. Wiederholt beschwört er, daß »er persönlich oder die Leitung des Hauses mit der Ingangsetzung dieser Aktion nichts zu tun« habe, daß der Anschlag gegen das verhaßte Magazin kein persönlicher Racheakt sei.

Erst allmählich kommt zutage, daß Strauß sogar angeordnet hat, den Justizminister von der Justizaktion gegen das Blatt nicht zu unterrichten. Die Affäre »Strauß« entwickelt sich nun zu einer Regierungskrise. Als die SPD den Rücktritt des ertappten Verteidigungsministers fordert, treten die fünf FDP-Minister geschlossen zurück, später legen auch die Unionsminister ihre Ämter nieder. Adenauer muß eine neue Regierung bilden. Am Ende bleibt Verteidigungsminister Strauß auf der Strecke. Er muß gehen.

Strauß und Adenauer, der im Bundestag nur zu gerne die Vorurteile gegen das Hamburger Blatt ausgenutzt hätte, um den *Spiegel* als Oppositionsinstanz zu beschädigen, haben die Öffentlichkeit unterschätzt und ihre eigene Macht überschätzt. Viele Menschen begreifen, daß es nicht nur um den *Spiegel*, sondern um die Pressefreiheit geht. Eine beispiellose Solidaritätswelle sorgt dafür, daß der *Spiegel* seine nächsten Ausgaben produzieren kann. *Zeit*, *Stern* und andere Hamburger Zeitungen und Zeitschriften stellen ihre Redaktionsräume den ausgesperrten *Spiegel*-Kollegen zur Verfügung. Einhellig verurteilt die gesamte deutsche Presse von links bis rechts den Anschlag der Bundesregierung auf das Nachrichtenmagazin mit seiner Auflage von 500 000 Exemplaren. Plötzlich entwickelt sich in der gesamten Republik eine kritische Öffentlichkeit. Intellektuelle und Professoren geben ihre Zurückhaltung auf. Studenten gehen für das verfolgte Blatt, das zu diesem Zeitpunkt als einzig relevante Opposition im Lande gilt, auf die Straße. Im Widerstreit gegen die Bundesregierung, die nichts anderes macht, als die bei Verfolgung der Kommunisten entwickelten Organe und Gesetze der Strafverfolgung auf die unbequeme Presse anzuwenden, entstehen in diesen Tagen erste Ansätze einer außerparlamentarischen Opposition.

Am Ende der *Spiegel*-Affäre ist auch der Kanzler angeschlagen, hat den Zenit seiner Macht durchschritten, und das Ende der Restaurationszeit ist eingeläutet. Im Dezember verkündet Adenauer, daß er im Herbst 1963 zurücktreten wird.

Die angeblichen Landesverräter werden nicht lange gerichtlich verfolgt; die Verfahren werden mangels Beweisen eingestellt. Rudolf Augstein wird am 7. Februar 1963 nach 103 Tagen aus der Untersuchungshaft entlassen.

Heinrich Billstein

26. Juni 1963
John F. Kennedy besucht Berlin

Die drei Männer, die am 26. Juni 1963 im Lincoln Continental durch West-Berlin fahren, werden keine Männerfreundschaft aufbauen. John F. Kennedy liebt die Deutschen nicht. Bundeskanzler Konrad Adenauer tut sich schwer mit dem Lebemann auf dem Stuhl des US-Präsidenten. Und Berlins Regierender Bürgermeister Willy Brandt ist mit dem Amerikaner während des Mauerbaus auch schon einmal aneinandergeraten.

Dem Spektakel auf den Straßen Berlins tut das keinen Abbruch. Helle Begeisterung schlägt dem Amerikaner entgegen. Zu Tausenden säumen die Berliner die Straßen, schwenken ihre Papierfähnchen, recken selbstgemachte Willkommensplakate in die Luft und winken mit weißen Tüchern. Jubel und Ovationen, Sprechchöre und Beifall. Aus dichtbesetzten Büro- und Wohnungsfenstern, von Balkonen, Baukränen, Gerüsten und Mauern aus versuchen sie einen Blick auf den Märchenprinzen aus Amerika zu erhaschen. Die Kinder haben schulfrei, für Stunden steht in der geteilten Stadt die Arbeit fast still. Fünfzig Kilometer führt der Triumphzug den US-Präsidenten durch die Stadt. Und Kennedy genießt ihn. An diesem strahlend schönen Sommertag fällt sogar auch noch etwas Jubelglanz auf die schon welke Kanzlerschaft Adenauers.

Entweder, so sagte Churchill einmal, hängen die Deutschen einem an der Kehle, oder sie liegen einem zu Füßen. Nach den Begeisterungsstürmen, die Frankreichs Staatspräsident de Gaulle bei seiner Deutschlandtournee ausgelöst hatte, haben auch Kennedys Berater auf die Begeisterungsfähigkeit der Deutschen gesetzt, um dem Präsidenten einen kostenlosen Prestigeerfolg an der Heimatfront, wo man ihm wegen dringender innenpolitischer Probleme von der Europareise abbringen wollte, zu verschaffen. Sie werden nicht enttäuscht.

Mit Kennedy kommt der amerikanische Traum nach Deutschland, ein Sinnbild für Optimismus und Dynamik, Ideenkraft und Großzügigkeit. Das photogene Staatsoberhaupt weiß um seinen Charme und seine Wirkung. Sein Tempo und seine Jugend stehen in krassem Gegensatz zu den Tugenden der großen alten Herren der europäischen Politik. Drei Tage himmeln die Deutschen den amerikanischen Präsidenten in Köln,

Bonn, Wiesbaden und Frankfurt an wie einen Menschen von einem anderen Stern. In Berlin schlägt die Begeisterung fast schon in Hysterie um.
Dabei ist Kennedys Verhältnis zu Berlin nicht überschwenglich. Für den jungen Präsidenten ist die geteilte Stadt im Grunde kein deutsches Problem, sondern mehr ein amerikanischer Stützpunkt im feindlichen Land. Das hat der Präsident schon beim Mauerbau deutlich gemacht, als die Amerikaner nicht bereit waren, für Berlin einen Krieg zu riskieren, solange unmittelbare US-Interessen nicht berührt wären. Freilich hätte Kennedy die Teilung auch nicht verhindern können, selbst wenn er es gewollt hätte. Seine Macht endet am Potsdamer Platz. Und dies hatte dem Millionärssohn sein proletarischer Gegenspieler, Nikita Chruschtschow, schon im Sommer 1961 in Wien kurz vor dem Bau der Berliner Mauer deutlich gemacht, als der Kremlchef ultimativ damit drohte, mittels eines separaten Friedensvertrags zwischen der Sowjetunion und der DDR die Frontstadt West-Berlin zu erwürgen.
Eine Blockade Berlins allerdings ist der US-Präsident nicht bereit hinzunehmen. Als im Oktober 1962 die Sowjets vor der amerikanischen Haustür auf Kuba Atomraketen stationieren wollen, weiß Kennedy, daß es nicht nur um Amerikas Stärke und Prestige geht, sondern auch um Berlin. Der Präsident,

nach dem stümperhaften Invasionsversuch in Kubas Schweinebucht, den Wiener Verhandlungen und dem Mauerbau außenpolitisch alles andere als erfolgsgewohnt, bewahrt kühlen Verstand, weicht nicht zurück und gewinnt das Duell mit dem Kreml-Chef. In diesem Augenblick ist auch Berlin gerettet. Die Drohung, die Stadt durch einen Friedensvertrag mit Ulbricht zu blockieren, ist endgültig vom Tisch. Kennedy erscheint als Weltenretter, ganz besonders für die Berliner, die wissen, wem sie zujubeln.

Spätestens seit Kuba sind Kennedy und seine Berater überzeugt, daß man sich mit den Sowjets zusammensetzen muß. Zum Entsetzen des unentwegten Amerika-Fahrers Adenauer sucht der US-Präsident nicht das traditionelle deutsch-amerikanische Gespräch über die Sowjetpolitik, sondern das Gespräch mit den Russen über die Deutschen.

In Berlin läßt sich der redegewandte Gast vor den tosenden Massen am Schöneberger Rathaus allerdings noch einmal hinreißen. Um der großen Wirkung willen weicht er von der üblichen Rhetorik der Koexistenz ab. »Ich bin ein Berliner«, ruft er in seiner legendären Ansprache wie ein Champion der Menschenrechte der aufgewühlten Menge zu und zeigt dann, daß auch er ein Kind des Kalten Krieges ist: »Es gibt einige in Europa und in anderen Teilen der Welt, die behaupten, man könne mit den Kommunisten zusammenarbeiten. Sie sollen nach Berlin kommen!« Der orkanartige Freudentaumel, den Kennedy auslöst, macht nicht nur seine Berater stutzig. Auch dem Friedenspolitiker Kennedy dämmert bald, wie gefährlich seine »Schöneberger Rede« wirken kann. Erschrocken korrigiert er nur zwei Stunden später seinen antikommunistischen Ausfall und fügt dem bereits fertigen Redeskript für seine Ansprache in der Freien Universität einen Zusatz bei, in dem er den Russen wieder die Hand reicht: »Woran ich glaube, ist die Notwendigkeit der Zusammenarbeit der Großmächte zur Rettung der Menschheit als Gattung, da wir sonst vernichtet werden.«

Als Kennedy Berlin verläßt, bemerkt er zum Abschied: »Wir werden nie wieder einen Tag wie diesen erleben.« Es heißt, er sei nicht sehr betrübt gewesen, als er dies sagte.

Heinrich Billstein

10. September 1964
Der millionste Gastarbeiter trifft in der Bundesrepublik ein

Armando Sá Rodrigues ist ein bescheidener Mann. Dem großen Bahnhof, der dem Portugiesen, seinen Landsleuten und den spanischen Kollegen in Köln bereitet wird, möchte er am liebsten entfliehen. Mit Pauken und Trompeten und zu den fremden Klängen der Blechkapelle (»Wem Gott will rechte Gunst erweisen« und »Alte Kameraden«) werden der einfache Zimmermann aus dem kleinen Dorf Vale de Madeiros im Norden Portugals und die anderen 1199 neuen Gastarbeiter empfangen. Kaum dem Zug entstiegen und ohne nur einen Handschlag getan zu haben, ist der 38 Jahre alte Familienvater bereits stolzer Besitzer eines nagelneuen Mopeds. Und noch verwunderlicher: Der Willkommensgruß stammt von den Unternehmern und der deutschen Industrie.

Auf ihn, Rodrigues, und seinesgleichen warten die Arbeitgeber in Westdeutschland in diesen Zeiten jedes Jahr sehnsüchtig. Nicht genug können sie von den Arbeitswilligen aus den Armenhäusern Europas über die Alpen locken. Rodrigues ist der millionste Mensch, der den Schritt in den Norden gewagt hat.

Seit Jahren boomt die westdeutsche Wirtschaft. Zunächst kann die Industrie auf die stetig wachsenden Flüchtlingsströme aus dem Osten und insbesondere aus der DDR bauen. Bis zu 200 000 qualifizierte junge Leute suchen jedes Jahr zur Freude der deutschen Industrie ihr Heil im goldenen Westen. Spätestens seit dem Bau der Mauer 1961 aber ist diese Quelle versiegt.

Schon 1955 hat die Regierung ein Abkommen mit Italien geschlossen, Arbeitskräfte aus dem von Arbeitslosigkeit geplagten Land nach Deutschland holen zu dürfen. Es folgen weitere Vermittlungsvereinbarungen mit Griechenland (1960), der Türkei (1961) und seit 1964 eben mit Portugal, in deren Folge auch Armando Sá Rodrigues seinen Weg ins Wirtschaftswunderland findet.

Werbekolonnen deutscher Unternehmen schwärmen seitdem über den Kontinent. Deutsche Werbekommissionen sitzen in Verona und Neapel, in Athen und Saloniki, in Istanbul und Ankara, in Madrid und Lissabon. Die teutonischen Musterungstruppen der Wirtschaft heuern in den unterentwickelten Gebieten Südeuropas und Kleinasiens alle gesunden und kräftigen Arbeitswilligen an. Die Völkerwanderung zu den west-

deutschen Lohntüten wird von Jahr zu Jahr größer. Innerhalb von neun Jahren verzehnfacht sich die Zahl der Gastarbeiter von 100 000 in 1955 auf eine Million in 1964. Doch noch immer bleiben 1964 im Land mehr als 600 000 Arbeitsplätze unbesetzt. Der Lockruf aus Deutschland, von dem die Gastarbeiter wahre Wunderdinge in ihre Heimatländer berichten, ist also ungebrochen.

Vor allem in der Schwer- und Metallindustrie finden die Gäste ihr Auskommen. Daß die überwiegend ungelernten Hilfskräfte auch noch produktiv sind, dafür sorgt die zunehmende Automation der Arbeitswelt. Typische Merkmale ihrer Arbeitsplätze sind schwere Tätigkeit und geringes Sozialprestige. Die Berufe, die ihre einheimischen Kollegen meiden und für die sich die Deutschen zunehmend zu fein sind, werden zu Domänen der Gastarbeiter. Immerhin gilt von Beginn an das Prinzip: gleicher Lohn für gleiche Arbeit.

Daß die genügsamen Südländer, die wenig ausgeben und das meiste Geld in die Heimat schicken, in der Fremde nicht überall freundlich behandelt werden, zeigt vor allem der Wohnungsmarkt. Zu überzogenen Mieten müssen die meisten von ihnen in elenden Privatquartieren hausen. Zu verlockend scheint den deutschen Hausbesitzern, mit der Vermietung kleiner Zimmer an vier, sechs und mehr Gastarbeiter sich ihren Extraanteil am deutschen Wirtschaftswunder zu sichern. So werden zum Beispiel in der ersten Phase der Ausländerbeschäftigung italienische, spanische und griechische Gastarbeiter im bayerischen Dachau in den Baracken des ehemaligen KZ Dachau untergebracht. Nur wenige Großunternehmen bauen eigens Wohnheime mit annehmbaren Lebensbedingungen.

Die ausländischen Arbeiter sind mehr Ghettobewohner als Gäste. Die Fremden bleiben fremd in diesem Land und sind oft isoliert. Vor allem sind sie nicht überall beliebt. Ihre Fremdheit ruft Vorurteile bei den Kollegen hervor und Mißtrauen bei der Bevölkerung, mehr gespeist aus den Kriegserlebnissen der deutschen Landser als aus dem täglichen Zusammenleben am Arbeitsplatz.

»Itaker«, »Spaghettifresser«, »Zitronenschüttler« oder »Kameltreiber«, diese Schmähworte gehören zum Standardvokabular in bundesdeutschen Fabriken. »Sie sind feige, dreckig und geil. Pöbeln blonde Mädchen an und machen Jagd auf unsere Ehefrauen. Wer sich mit ihnen anlegt, bekommt ein Messer zwischen die Rippen. Sie haben nur Weiber, Vino und Spaghetti im Kopf«, beschreibt Günter Wallraff 1969 die gängigen Vorurteile gegenüber den Ausländern in den 60er Jahren.

Die deutsche Industrie stört's wenig. Noch Jahre werden sie ihre Werbekolonnen in den Süden schicken. Wie sagte der Vertreter der deutschen Industrie bei der Begrüßung zu Armando Sá Rodrigues: »Ohne die Mitarbeit der Ausländer wäre unsere wirtschaftliche Entwicklung der letzten Jahre nicht möglich gewesen.«

Heinrich Billstein

19. August 1965
Der Frankfurter »Auschwitz-Prozeß«

Der Tod im Gas war kein stiller, schneller Tod. Das Sterben im »Baderaum« dauerte fünfzehn, zwanzig Minuten, und der Tod folgte einer strengen Hierarchie. Zuerst starben die Kinder, denn das Gas kroch vom Boden empor. Auf den Leichen der Kinder reckten sich die Erwachsenen hoch und fielen in einen entsetzlichen Kampf aller gegen alle um die letzte, die allerletzte Atemluft. Von hier kam keiner mehr ins Freie, um später davon zu berichten. Aber es gab Menschen, die durch das Schauglas in der abgedichteten Tür hineinsahen.

Mit solchen Beschreibungen der Menschenvernichtungsanlage Auschwitz muß sich eine teils unwillige, teils verstörte deutsche Öffentlichkeit beschäftigen, seit kurz vor Weihnachten 1963 in Frankfurt der Schwurgerichtsprozeß »Gegen Mulka und andere« begonnen hat. Zwanzig Ankläger und zwanzig Verteidiger streiten um ihre Schuld; das Gericht hört die Aussagen von 360 Zeugen. Die deutsche Rechtsgeschichte kennt keinen vergleichbaren Prozeß; freilich kennt die Geschichte auch keine vergleichbaren Verbrechen.

Wer jetzt allerdings gehofft hat, in diesem ersten großen NS-Prozeß werde endlich die Massenvernichtung der europäischen Juden von einem deutschen Gericht systematisch aufgearbeitet, sieht sich enttäuscht: »Das Schwurgericht ist nicht berufen, die Vergangenheit zu bewältigen«, sagt Senatspräsident Hofmeyer. Man sitze nicht über das Vernichtungslager Auschwitz zu Gericht, man untersuche »nur«, mit den begrenzten Mitteln des Strafrechts, das tatsächliche Verhalten von zwanzig Männern, ihre persönliche Schuld im Lager Auschwitz.

Der Frankfurter Prozeß kann aber, bei aller Bescheidenheit, in einer Hinsicht mehr leisten als die historische Analyse: Er sprengt die abstrakte Anonymität der großen Zahlen auf. An einer überschaubaren Zahl von Einzelschicksalen kann er zeigen und fühlbar machen, daß jedes der Opfer seinen eigenen Tod starb – und wie es ihn sterben mußte. Für die Opfer gab es keine Banalität des Bösen.

Da ist der namenlose jüdische Junge, drei oder vier Jahre alt, der an einem Tag im November 1944 von einem Lastwagen herabspringt, einen Apfel in der Hand. Ein Mann in Uniform eilt herbei, nimmt dem Jungen den Apfel weg, packt ihn (den Jungen!) und schleudert ihn so an die Wand, daß der Kopf zerschmettert. Die Zeugin Dunja Wassersztrom erkennt in dem Angeklagten Wilhelm Boger den Mann, der damals das Kind tötete. Boger, jetzt 58 Jahre alt, Erfinder eines berüchtigten Folterinstruments, der Boger-Schaukel (»für verschärfte Vernehmungen«) und in Auschwitz als »Teufel des Lagers« bekannt, hat bis zu seiner Festnahme 1958 unbehelligt als kaufmännischer Angestellter in Stuttgart gelebt.

Der Angeklagte Hans Stark, ehemals SS-Angehöriger der Lager-Gestapo, hat zwei hungrige Kinder erschossen, die er im Verdacht hatte, ein Kaninchen gestohlen zu haben (dies sind nur zwei der 344 von Stark verübten Morde). Der Angeklagte Josef Klehr tötete »arbeitsunfähige« Patienten im Häftlingskrankenhaus, indem er ihnen (angeblich gegen Typhus) Phenolspritzen ins Herz stieß.

Die Angeklagten halten sich, mit nur einer Ausnahme, für unschuldig. Sie haben entweder »nichts gewußt«, oder sie fühlten sich unter Befehlsnotstand. Auch an ihnen zeigt sich die von Alexander und Margarete Mitscherlich beschriebene *Unfähigkeit zu trauern.*

Wenn sie aber trauern, dann um sich selbst. Denn im Grunde fühlen sie sich selbst als Opfer: Man hat sie damals verführt, sie taten nichts als ihre Pflicht, und jetzt wird ungerechterweise ihr Leben zerstört. (Foto: Die Angeklagten Dr. Viktor Capesius [vorn mit Sonnenbrille], Oswald Kaduk [dahinter] und Emil Hantel [hinter Kaduk] im Gerichtssaal. Capesius war Apotheker in Auschwitz und wurde wegen Beihilfe zum Mord in vier Fällen zu neun Jahren Zuchthaus verurteilt. Kaduk war Blockführer und wurde wegen Mordes in zwölf Fällen zu zwölfmal lebenslangem Zuchthaus verurteilt).

Den Zeugen, soweit sie zu den überlebenden Opfern gehören, wird in Frankfurt viel abverlangt: Nicht nur müssen sie ihren ehemaligen Folterern gegenübertreten; sie müssen ihre Beobachtungen in der scharfen Befragung durch die Verteidiger mit einer Präzision schildern, die man ihnen zwanzig Jahre nach den Ereignissen kaum abverlangen kann: Sichtverhältnisse, Entfernungen, Blickwinkel, Datum, Uhrzeit. (Hatte man in Auschwitz Kalender, trug man Uhren?)

Das Strafgesetzbuch kennt keine politische oder moralische Schuld, es kennt auch keine Massenverbrechen. Es verfolgt nur die »kriminelle Schuld«, das heißt die konkrete, individuelle Schuld eines einzelnen Täters. Das zwingt dem Verfahren eine manchmal absurd scheinende Genauigkeit auf: Konnten Häftlinge, beispielsweise, durch ein Loch in der Holzverschalung am Block 10 wirklich die einzelnen Schützen erkennen, die auf dem Hof vor der »schwarzen Wand« mit kurzläufigen Gewehren Menschen durch Schüsse in den Hinterkopf töteten, bis zu 250 jeden Tag? Welche Schützen genau wurden erkannt, und an welchem Tag?

Daß die Verteidiger ihre Mandanten verteidigen, dafür kann man sie nicht rügen. Allerdings ist die Qualität ihrer Argumente oft erschreckend: Die Tötungen Klehrs durch Phenolspritzen seien weder heimtückisch gewesen (weil im Lager bekannt) noch grausam (weil die Opfer rasch starben) – und insofern also kein Mord. Die Teilnahme der angeklagten SS-Ärzte an den Selektionen auf der Rampe sei nicht Beihilfe zum Mord gewesen, sondern für die als arbeitsfähig ausgesonderten Männer eine »lebensrettende Aktion«: Die anderen mußten sofort ins Gas.

Im Bemühen mancher Verteidiger zu verkleinern, was sich nicht verkleinern läßt, offenbart sich nicht nur eine Strategie zugunsten der Angeklagten, sondern ein in der deutschen Gesellschaft verbreitetes Bedürfnis nach Verharmlosung, nach Rechtfertigung sogar. Die Londoner *Times* schreibt: »Das Deprimierendste an dem ganzen Prozeß ist die Reaktion der deutschen Öffentlichkeit.« Und die Häftlingsorganisation »Comité International des Camps« stellt fest: »Es fällt vielen Deutschen leichter, sich mit den Tätern zu identifizieren als mit den Opfern.«

Der Mordparagraph 211 des Strafgesetzbuches, so doziert der Verteidiger Laternser, habe während der NS-Zeit gar nicht gegolten, er sei »durch Mißachtung« außer Kraft gesetzt gewesen. Die Angeklagten heute wegen Mordes zu verurteilen, heiße daher, sie »rückwirkend einem Tötungsverbot zu unterwerfen«, das damals gar nicht galt.

Das Gericht macht derlei abenteuerliche Konstruktionen geduldig zunichte. Es stellt klar, daß die seit 1871 gültigen Strafgesetze den Mord ununterbrochen, bis heute, unter Strafe gestellt haben. Auch in der NS-Zeit war Mord selbstverständlich gesetzlich verboten.

Im August 1965, nach anderthalb Jahren und 180 Verhandlungstagen, werden die Urteile gesprochen: Sechsmal lebenslängliches Zuchthaus, elf langjährige Freiheitsstrafen und drei Freisprüche mangels Beweisen. Das Gericht stellt – »mit der trockenen Stimme des Gesetzes« (*The Guardian*) – fest, daß sich zur Entschuldigung solcher Verbrechen niemand auf höheren Befehl berufen kann.

Werner Biermann

1. Dezember 1966
Die Große Koalition

Das deutsche Wirtschaftswunder verliert an Glanz, das Wachstum stagniert. Und dabei ist der »Vater des Wirtschaftswunders«, der runde, Zigarren paffende Professor Ludwig Erhard, seit einem Jahr Bundeskanzler. Er hat die Wahlen für die Unionsparteien glänzend gewonnen und sitzt mit der FDP in einer Koalition mit komfortabler Mehrheit. Doch die Arbeitslosenquote nähert sich bedrohlich der 2-Prozent-Marke. Im Haushaltsentwurf der Bundesregie-

rung klafft eine Lücke von drei Milliarden Mark. Und Konrad Adenauer, beinahe 90 Jahre alt, grantelt vernehmlich aus Rhöndorf. Im späten Herbst 1966 verkünden die CDU-Fürsten einhellig: Erhard muß Kanzler bleiben. Doch in Wahrheit geht es darum, wie man ihn loswird. Jetzt beginnt ein Stück mit viel Kabale und wenig Liebe.

Ende September hatte Erhard in Washington um Zahlungsaufschub beim Devisenausgleich für die in Deutschland stationierten US-Truppen gebeten, doch Präsident Lyndon B. Johnson war hart geblieben. Jetzt wird das Haushaltsloch für Erhard zur Falle. Ende Oktober zieht die FDP ihre Minister aus der Regierung ab; die Koalition ist am Ende. Die SPD fordert Neuwahlen. Bundespräsident Heinrich Lübke (CDU) rät dem Kanzler zurückzutreten, doch der bildet ein neues Kabinett, eine Minderheitsregierung. Erhard wird vom CDU-Präsidium aufgefordert, »so bald wie möglich« eine neue Mehrheit zu finden. Er soll mit der FDP, aber auch mit der SPD verhandeln. Der endlose Reigen der Nachtsitzungen beginnt; alle reden über die Frage: Wer mit wem? Man handelt Namen, man mauschelt, man rechnet. Alles ist möglich in Bonn: die Neuauflage der bisherigen Koalition, die »große« Koalition (CDU/SPD), aber auch eine »kleine« Koalition (SPD/FDP). Die Erfolge der NPD bei den Landtagswahlen Anfang November in Hessen und Bayern dämpfen derweil das Verlangen nach Neuwahlen erheblich: Man fürchtet den Einzug der Rechtsradikalen in den Bundestag.

Erhard erklärt, er werde gewiß »nicht das Handtuch werfen«. Da entreißt ihm seine Partei das Handtuch und läßt »den Dicken« ungerührt fallen: Am 10. November wählt die CDU/CSU-Fraktion einen neuen Kanzlerkandidaten: den Ministerpräsidenten von Baden-Württemberg, Kurt Georg Kiesinger, den »schwäbischen Schöngeist«. Kiesinger verhandelt auch mit dem SPD-Vorsitzenden Willy Brandt. Die SPD bekommt ihre Regierungsfähigkeit also ausgerechnet von denen bescheinigt, die in ihr immer den »Untergang Deutschlands« zu erkennen wähnten.

Doch eine starke Gruppe in der SPD will jetzt die ganze Macht übernehmen: Willy Brandt soll Kanzler werden – mit Hilfe der FDP. Erich Mende, der FDP-Chef, garantiert Brandt bei einer Kanzlerwahl im Bundestag die Stimmen aller liberalen Abgeordneten. Mit der FDP gäbe es auch große Übereinstimmungen in der Deutschland- und Ostpolitik. Doch Brandt zögert; er fürchtet die Kampfabstimmung. Und die knappe sozialliberale Mehrheit wäre ihm auf Dauer zum Regieren auch zu wackelig.

Schließlich einigen sich Kiesinger und Brandt auf eine große Koalition. Doch jetzt rebelliert die sozialdemokratische Basis. Es hagelt Protesttelegramme. Die Landesverbände stellen sich quer, auch die mit der SPD sympathisierenden Publizisten und Intellektuellen. Günter Grass bezeichnet die Große Koalition gegenüber Willy Brandt als »miese Ehe«. Siebzehn Jahre lang, seit 1949, war die CDU der Erzfeind; soll man der jetzt die Kastanien aus dem Feuer holen? Viele fürchten auch den CSU-Vorsitzenden Franz Josef Strauß, der gewiß als Minister ins Kabinett kommt: »Koalition mit Strauß – Verbrechen an der Partei«, sagt die Basis. Herbert Wehner, der seit 1959 – mit dem Godesberger Programm – die Macht für die Sozialdemokraten angepeilt hat, plädiert für die Koalition mit der CDU: »Die Salbung mit liberalem Öl genügt nicht, wir brauchen das christliche Weihwasser.« Es nützt alles nichts: Die »kleine«, sozialliberale Koalition bleibt der Wunschtraum derer, die nicht nur eine neue Regierung wollen, sondern eine neue Politik.

Am 1. Dezember 1966 wird die Regierung der Großen Koalition vereidigt. Der ehemalige NS-Parteigenosse Kiesinger und der Antifaschist und Exilant Brandt: Zwei nach Lebenslauf und Haltung völlig verschiedene Männer gehen »auf Zeit« ein politisches Zweckbündnis ein: die Regierung Kiesinger/Brandt. Karl Schiller wird Wirtschaftsminister, Strauß Finanzminister, Heinemann Justizminister, Wehner übernimmt das Ministerium für gesamtdeutsche Beziehungen: Das Kabinett repräsentiert – von Strauß bis Heinemann – ein unglaublich breites Spektrum politischer Positionen. Der Kanzler wird dadurch, wie Conrad Ahlers spöttisch feststellt, zum »wandelnden Vermittlungsausschuß«. (Foto: Kabinettssitzung der Großen Koalition im Garten des Bundeskanzleramts, Juli 1967).

Die Politik der Großen Koalition ist zunächst nicht ohne Erfolg: Schiller und Strauß, als »Plisch und Plum« die ersten Medienstars der Republik, können die wirtschaftliche Stagnation beenden. Das Stabilitätsgesetz versucht, die Widersprüche von Wachstum, Vollbeschäftigung und Währungsstabilität auszubalancieren. Die 1967 neuerlich einsetzende Wirtschaftskrise kann Schiller erfolgreich mit einer konzertierten Aktion von Regierung, Wirtschaft und Gewerkschaften bekämpfen.

Eine lange geplante Wahlrechtsreform scheitert an der SPD: Die Reform hätte nicht nur die NPD aus den Parlamenten verbannt, sondern auch die FDP – die man bei der nächsten Wahl vielleicht als Partner brauchen wird.

Die Notstandsgesetze, von der SPD in Oppositionszeiten heftig bekämpft, werden jetzt in modifizierter Form verabschiedet. Im Falle eines »inneren Notstands« – z. B. eines gewaltsamen Umsturzversuches – sollen die Streitkräfte auch »im Inneren« für Polizeiaufgaben eingesetzt werden. Das ruft heftigen Protest hervor. Die Opposition findet jetzt nicht mehr im Parlament statt, sondern – als außerparlamentarische Opposition (APO) – auf der Straße. Die APO, aber auch die Gewerkschaften, fürchten eine Auflösung der Demokratie, z. B. durch die Einschränkung des Streikrechts.

Auch die Ost- und Deutschlandpolitik stagniert: Kiesinger kann nicht, wie Brandt möchte. Brandt will – in einer »Politik der kleinen Schritte« – ein Netz von Gewaltverzichtserklärungen in Europa; er will die De-facto-Anerkennung der DDR und die Anerkennung des Status quo in Europa als Voraussetzung für die Aussöhnung mit den östlichen Nachbarn.

Mit alledem wird man warten müssen bis zum Oktober 1969, bis zur sozialliberalen Koalition.

Werner Biermann

2. Juni 1967
Der Schah in Berlin

Aus diesem Stoff sind die Träume deutscher Frauen: ein leibhaftiger Kaiser, der Schah Mohammed Reza Pahlewi, und die Kaiserin, die Schahbanu Farah Diba, in Deutschland. Ein schönes Paar, herabgestiegen vom Pfauenthron im Illustriertenhimmel direkt auf die graue deutsche Erdenwirklichkeit. (Foto: das Kaiserpaar, umrahmt von Wilhelmine und Heinrich Lübke, Schloß Augustusburg in Brühl, 28. 5. 1967). Blonde Kinder überreichen knicksend Blumen, Wochenschau-Reporter schildern atemlos die wechselnden Garderoben der Farah Diba. Am 2. Juni besucht das Kaiserpaar Berlin.

Am Vorabend, auf einer FU-Veranstaltung, hat ein junger Student vom SDS, Rudi Dutschke, ausgerufen: »Die unterdrückten Völker haben ihren Kampf schon begonnen . . . Meine Damen und Herren, morgen beim Schahbesuch geht es um Vietnam.« Dutschkes Worte überzeugen, auch wenn man ihn nicht gleich versteht. Was er, von Frantz Fanon, Che Guevara und Mario Savio beeinflußt, meint, ist die »Focus-Theorie«: In den Metropolen neue »revolutionäre Herde« bilden zur Unterstützung des Befreiungskampfes in der dritten Welt. Die anwesenden Spitzel der Berliner Polizeiführung verstehen am allerwenigsten, was das heißt. Die »taktische Einweisung« der Bereitschaftspolizei für den Schahbesuch lautet: »Die Studenten wollen keinen gemütlichen Spaziergang, die suchen den Reibungspunkt. Meine Herren, wir sollten die Taktik der Hauptstörer unterlaufen und denen nicht auf den Leim kriechen.«

Freitag, 2. Juni 1967, mittags. Der Schah fährt vor dem Schöneberger Rathaus vor. Da sind, innerhalb einer Absperrung, diejenigen, die man bald »Jubelperser« nennen wird, überwiegend Mitglieder des persischen Geheimdienstes Savak, die man für diesen Tag eigens nach Berlin gebracht hat. Dann, durch die Absperrung getrennt, sehr viele Schaulustige und ein paar buhrufende Demonstranten. Hier und da sieht man ein Schild mit der Aufschrift »Mörder«. Der Schah ist im Rathaus verschwunden, als die Perser plötzlich Stahlruten und Holzlatten in den Händen halten, die Absperrung öffnen und hemmungslos auf Demonstranten wie Schaulustige einprügeln, minutenlang. Dann gibt es Beifall, denn endlich erscheint die berittene Polizei. Ein fataler Irrtum, dieser

Beifall, denn statt die Geprügelten vor den Persern zu schützen, reiten die Polizisten ihre Pferde in die Menge und prügeln ebenfalls drauflos.

Der Abend dieses 2. Juni, kurz vor 20 Uhr an der Deutschen Oper. Das Kaiserpaar fährt vor. Wieder ein paar hundert Studenten, weit abgedrängt, die dem persischen Diktator von fern »Mörder, Mörder« zurufen und Tomaten werfen. Drinnen wird man gleich Mozart hören; doch ehe sich Heinrich Albertz, der Regierende Bürgermeister, dem Genuß der »Zauberflöte« hingibt, erklärt er seinem Polizeichef: »Wenn ich hier rauskomm', ist alles sauber, klar?« Locker setzt hier ein Politiker ein Verfassungsrecht außer Kraft. Und Erich Duensing, der Polizeipräsident, erteilt den Befehl: »Knüppel frei, räumen!« So wird also »saubergemacht«. Die Aktion »Füchse jagen« beginnt: der Einsatz ziviler Greifer, die vor allem die »Hauptstörer«, die »Rädelsführer« jagen sollen.

Einer der Studenten, mit seinem verdächtigen roten Hemd vielleicht so ein Rädelsführer, flüchtet mit anderen in einen Hinterhof. Er hat Angst wie alle, vielleicht sogar noch mehr: Es ist seine erste Demonstration. Aus der Nähe, von Polizisten umzingelt, von Polizeiknüppeln verletzt, sieht er harmlos aus, doch die »Greifer« kriechen ihm »nicht auf den Leim«. Er wird aus nächster Nähe durch einen Schuß in den Hinterkopf getötet. Der Schuß kommt aus der Waffe des Kriminalobermeisters Kurras (40), der Zivil trägt. Der Tote heißt Benno Ohnesorg.

Der 26jährige Germanistikstudent ist seit fünf Wochen verheiratet, seine Frau ist schwanger; er gehört keiner politischen Gruppe an, geschweige daß er ein »Rädelsführer« ist. Er besuchte nur ab und zu die Veranstaltungen der Evangelischen Studentengemeinde und verabscheute jede Gewalt. Er demonstrierte an diesem Abend vor der Oper, weil er von den grausamen Folterungen des persischen Geheimdienstes Savak gelesen hatte.

Dieser 2. Juni 1967 verändert alles. Das »System« scheint seinen wahren Charakter enthüllt zu haben: Der Staatsbesuch entlarvt den Polizeistaat. In manchen Köpfen tauchen zum ersten Mal Phantasien von »Gegengewalt« auf. Verzweifelte Wut. Die Studentenbewegung wird von einer Solidarisierungswelle getragen: Hunderttausend demonstrieren in diesen Tagen in Deutschland, Ohnesorg wird zum Märtyrer. Übrigens hat kein deutscher Politiker je seine Trauer über den Tod dieses Mannes bekundet.

Die *Bild*-Zeitung schreibt am Tag nach Ohnesorgs Tod, die »blutigen Krawalle« hätten jetzt »ein Todesopfer gefordert«. Hat demnach also ein Student geschossen? Eine studentische Arbeitsgruppe analysiert das Foto- und Filmmaterial, der Ablauf des Abends wird genau rekonstruiert, alle Beteiligten werden identifiziert. Nebenergebnis: Die 50 führenden Polizeioffiziere Berlins haben ihre Ausbildung noch bei der SS absolviert, ebenso der Polizeipräsident. Offenbar projiziert die Polizei am 2. Juni 1967 ihre eigenen schlichten Denkmuster auf die demonstrierenden Studenten: Was die ehemaligen SS-Leute als »Führerprinzip« verinnerlicht ha-

ben, das suchen sie auch bei den Studenten: als Rädelsführerprinzip.
Das offenbart sich auch in einem Untersuchungsausschuß, in dem ein Polizei*führer* erklärt, man hätte gern die Hauptstörer und die Rädelsführer »vor dem Besuch« in Haft genommen, aber man habe sie ja leider nicht gekannt: »Wir sind dann zu dem Entschluß gekommen, daß, wenn wir den Störern den Kopf nehmen, wir der Störungsgruppe die Führung nehmen und eine Ausweitung der Demonstration also verhindern.«
Nach dem Begräbnis Ohnesorgs, am 9. Juni, beginnt in Hannover ein Kongreß mit 7000 Teilnehmern, auf dem Dutschke eine lange Grundsatzrede über »Gewalt« und »direkte Aktionen« hält, die den Philosophen Jürgen Habermas so »bestürzt«, daß er öffentlich widerspricht und vor einem möglichen »linken Faschismus« warnt. In Hannover werden die ideologischen Widersprüche der Rebellion offensichtlich: Sie führen die einen auf den »langen Marsch durch die Institutionen«, etliche andere aber, z. B. die »Bewegung 2. Juni«, in die »direkte Aktion«, in den Untergrund. Einige führende Betonköpfe der Berliner Politik und Polizei haben an jenem 2. Juni 1967, beim Besuch des Schahs und seiner Schahbanu, all jenen, die den Weg zum Terrorismus einschlugen, reichlich Vorwände geliefert.

Werner Biermann

11. April 1968
Das Attentat auf Rudi Dutschke

Am Morgen des 11. April 1968, wenige Stunden vor den Schüssen auf Dutschke, fragt Wolfgang Venohr in einem Fernsehinterview: »Sagen Sie, Rudi Dutschke, haben Sie nicht manchmal Angst, daß Ihnen einer übern Kopf schlägt?«

Die Frage ist begründet: Westdeutsche Zeitungen sprechen von Pogromstimmung in West-Berlin, von Lynchatmosphäre. Berlin ist Frontstadt des Kalten Krieges, und die politische Logik ist hier genauso aus Beton wie die Mauer, die die Stadt teilt: Wer, wie die Studenten, gegen den Vietnamkrieg demonstriert, verrät die Freiheit dieser Stadt, verrät die Freundschaft zu Amerika, dem Land der Rosinenbomber und des unvergessenen J. F. Kennedy, der, wie jeder weiß, selbst ein Berliner war. Wer gegen die Freunde ist, wird zum Feind.

Das »gesunde Volksempfinden« regt sich bereits, und *Bild* heizt es immer weiter an: »Man darf nicht die ganze Dreckarbeit der Polizei überlassen.« Wenn Dutschke das Haus in der Cosimastraße betritt, in dem er mit Frau und Kind wohnt, liest er an der Wand: »Vergast Dutschke!«

»No«, sagt Dutschke lächelnd auf die Frage Venohrs, »ich glaube, das ist eine Übertreibung ... Nicht Angst ... Es kann natürlich irgend 'n Neurotiker oder Wahnsinniger mal 'ne Kurzschlußhandlung ...« Etwa um diese Zeit trifft ein gewisser Josef Erwin Bachmann mit dem Zug aus München in Berlin ein, eine Pistole im Gepäck und mit Wut im Bauch.

Wenige Stunden später, nachmittags um halb fünf auf dem Kurfürstendamm, in der Nähe des SDS-Büros, steht Dutschke allein vor einer Apotheke, um für seinen drei Monate alten Sohn ein Medikament zu besorgen. Da spricht Bachmann ihn an. Vor Gericht wird er das später so erzählen:

»Also, ich bin auf ihn zugegangen und hab' gefragt, ob er Rudi Dutschke ist.«

»Sie kannten ihn?«

»Man kennt ihn von Bildern.«

»Und dann?«

»Dann sagte ich, du dreckiges Kommunistenschwein. Ich zog den Revolver und schoß.«

»Und warum schossen Sie?«

»Ich war so im Haß, ich hatte so eine Wut.«

Bachmann schießt dreimal – die beiden letzten Schüsse aus nächster Nähe auf den am Boden liegenden Dutschke. Es gleicht einer Hinrichtung. Bachmann flüchtet in einen Keller und liefert sich ein Gefecht mit der Polizei, bei dem er schwer verletzt wird. Rudi Dutschke wird inzwischen im Krankenhaus Westend operiert: Zwei der drei Kugeln haben den Kopf getroffen, stecken im Gehirn. Die Nachricht vom Attentat geht um die Welt – wie jene andere sechs Tage zuvor, als Martin Luther King erschossen wurde.

Dutschke ist für die Medien, die gesellschaftliche Probleme gern personalisieren, schon längst »der Studentenführer«, das Gesicht der ganzen Bewegung. Man kennt ihn von Bildern, sagt Bachmann; aber wer hat diese Bilder gemacht, die in Bachmann diese Wut erzeugt haben? Die *BZ* hat Dutschke als »Bürgerschreck« beschrieben: Schwarze Strähnen in der Stirn, stechende Augen, Lederjacke, gestreifter Pullover. Klar also: »Wo er auftaucht, riecht es nach Rabatz.« Die *Welt* raunt, eleganter und zugleich primitiver, von »Ungewaschenheit«, von einer »akademischen Variante des Gammlertums«. Dutschke wurde zum Rädelsführer hoch- und umgeschrieben: zum »roten Rudi«, »Radau-Rudi«, »bezahlten Zonenflüchtling«, »Mao-Jünger«. Und *Bild* verlangte schließlich kategorisch: »Stoppt den Terror jetzt!«

Ein perfektes Zusammenspiel zwischen Springer-Presse und Berliner Senat: »Ihr müßt diese Typen sehen«, hat der Regierende Bürgermeister Schütz am 21. Februar den Teilnehmern einer proamerikanischen Kundgebung vor dem Rathaus Schöneberg zugerufen, »ihr müßt ihnen ganz genau ins Gesicht sehen, dann wißt ihr, denen geht es nur darum, unsere freiheitliche Grundordnung zu zerstören. Wir müssen hart durchgreifen.« Das Volk hat verstanden: Auf Plakaten heißt es jetzt »Dutschke, Volksfeind Nr. 1«.

Ich war so im Haß.

Das Attentat erzeugt umgekehrt bei den Studenten Haß, eine ohnmächtige Wut, die in Gewaltbereitschaft umschlägt – und in Gewalt. Noch am Abend versammeln sich fünftausend Menschen vor dem Springer-Verlagshaus in der Kochstraße in Berlin und versuchen, das Gebäude zu stürmen. Man hält Springers Zeitungen für mitschuldig an dem Attentat. Zuerst hat man nur Parolen gerufen und Steine geworfen. Dann ist Peter Urbach gekommen, einer aus der linken Szene, mit einem Kofferraum voller Molotow-Cocktails: Brandsätze als Vergeltung für die Kugeln auf Rudi, das paßt in die Stimmung. Was die Demonstranten nicht wissen: Urbach ist in Wirklichkeit ein in die linke Szene eingeschleuster Agent des Berliner Landesamtes für Verfassungsschutz.

Karfreitag, 12. April. In Berlin, aber auch in Bonn, Köln, Frankfurt und Stuttgart protestieren Zehntausende gegen das Attentat; in Amsterdam, London, Brüssel, Paris, Rom und Toronto kommt es zu Demonstrationen vor den deutschen Botschaften. Oft schlägt der Protest um in Gewalt. Hat der Mord an Martin Luther King vor sechs Tagen nicht bewiesen, daß der gewaltfreie Weg gescheitert ist? Einer der Theoretiker der Revolte, Herbert Marcuse, liefert die ideologische Rechtfertigung: Er unterscheidet die »Gewalt der Befreiung« sauber von der herrschenden »Gewalt der Unterdrückung«.

Gegen die empörten Berliner Studenten setzt die Polizei Wasserwerfer ein, prügelt mit Schlagstöcken; es gibt Verletzte auf beiden Seiten. Manche Studenten führen ein Kreuz mit sich, sammeln sich unter ihm, trotzen umschlungen den Wasserwerfern wie einst Urchristen den Löwen: religiöse Überhöhung, es ist Karfreitag, und *Rudi* wird vielleicht sterben müssen, niemand weiß es.

Nachmittags um dieselbe Zeit: Dutschke kommt zu sich. Er versucht, etwas zu sagen: »Meine Frau . . .« Aber er weiß Gretchens Namen nicht mehr. Josef Bachmann liegt, Ironie der Geschichte, ein paar Zimmer weiter und muß daran gehindert werden, sich umzubringen (was er, sehr viel später, im Gefängnis tun wird). Dutschke überlebt das Attentat und die beiden Kopfschüsse, aber er leidet an schwerer Aphasie; für ihn beginnt die lange Zeit der mühsamen Zurückeroberung des Denkens und Sprechens, des Fallens und Aufstehens, von Abschiebung und Exil.

Elf Jahre später, im Alter von 39 Jahren, wird er an den Spätfolgen des Attentats sterben.

Werner Biermann

August 1969
»Teenage Fair« – Jugendkultur und Konsum

Die ewigen Probleme. Sitz bitte gerade, sagt Mutti. Vati schweigt. Im Fernsehen die Entlaubung des vietnamesischen Dschungels, Flugzeuge, Bomben, flüchtende Menschen, verbrannte Kinder. Sprich nicht mit vollem Mund, bitte. Bloß weg, auf irgendeine *Magical Mystery Tour* mit den Beatles, im *Yellow Submarine.* Oder nach Berlin, zu den Jungs vom SDS mit ihren Demos auf dem Kudamm, gegen die »Bullen« und das »ganze System«.

Eine Generation (oder was davon in die Medien gerät) zwischen Alltag, Schule, Fabrik, Uni und sozialem Protest: *Street fighting man* oder *Lümmel von der ersten Bank,* eine Jugend inmitten von Krieg und Frieden, Rock 'n' Roll und künstlichen Paradiesen, im abrupten Übergang von Wencke Myhre zu Janis Joplin, von Udo Jürgens zu Jimi Hendrix oder Bob Dylan. *The times they are a-changing.*

Derweil stürzt der hundertste Starfighter ab. Gegen einen Münchner Weihbischof wird ermittelt – wegen Geiselerschießungen im Zweiten Weltkrieg. »Trau keinem über dreißig«, und sei er auch ein Bischof. Alles wird teurer, hört man, sogar das Töten: Die Amis brauchen jetzt 200 000 Dollar, um einen einzigen Vietcong zu töten; Cäsar bekam einen germanischen Barbaren noch für umgerechnet einen Dollar getötet. Hier und da ändert sich auch in der Erwachsenenwelt die Moral, z. B. wird man in Italien jetzt nicht mehr von Staats wegen für Ehebruch bestraft.

Alte Zwänge lösen sich auf, werden aber sogleich durch neue ersetzt: Du bist *born to be wild* (Steppenwolf), also *kannst* du nicht nur frei sein, du *mußt* auch frei sein. »Wer zweimal mit derselben pennt ...« Doch die trockene Statistik entlarvt diese medial glitzernde Oberfläche unentwegt: Der Traum vom »Glück zu zweit« zum Beispiel ist ungebrochen: 70 Prozent der Jugendlichen glauben fest an die Ehe. Es gibt sogar einen Hochzeitsboom, und fast immer heiratet man *ganz in Weiß,* wie Roy Black es besingt.

Die studentische Revolte ist, was ihre politische Substanz angeht, nicht viel mehr als eine schillernde Ölpfütze auf einem Meer von Gleichgültigkeit. Sie erfaßt nur die Bürgerkinder, die Studenten und Oberschüler. Nur fünf Prozent der Studenten kommen aus Arbeiterfamilien. Keiner aus den »Massen« hat

sich je für Dutschkes »Focus-Theorie« interessiert (»Schafft zwei, drei, viele Vietnams!«). Aber der Rudi, wie der redete, wie der Vati das Fürchten lehrte, das ließ einen mächtig an die Zukunft glauben. Bei Dutschke klang das Politologenchinesisch so erotisch wie Popmusik. Vielleicht war es ja *pop*.

Das Erdenreich der Freiheit scheint nahe gekommen, *Utopie ist machbar*. Doch die fluchwürdige kapitalistische Gesellschaft erscheint, wenn man ausnahmsweise mal die Nacktheit der Zahlen nimmt, in Wahrheit fast paradiesisch: Der Arbeitsmarkt offeriert 1969 fast eine Million freier Stellen. Das Proletariat hat nichts anderes zu verlieren als die Vollbeschäftigung. Und die meisten »Systemveränderer« verändern (nach dem Examen) erst mal den Haarschnitt, dann ihre Einkommensverhältnisse; sie *steigen ein* bei etwa zwo-acht.

Im August 1969 gibt es, fast gleichzeitig, zwei Ereignisse, die aufschlußreich sind für die Lage und Stimmung dieser Generation. Das eine ist Woodstock, das zur Legende wird: Drei Tage kampieren 400 000 Jugendliche um eine riesige Bühne herum, frei und *hip*, bekifft oder nicht. Und jeder versteht, was Richy Heavens meint, wenn er in seinen Blues »Freedom« die alte Gospelzeile einbaut: *sometimes I feel like a motherless child*. Amerika ist dabei, seine Kinder zu verlieren. Doch Mom & Dad sind empört: Eine Gesellschaft, die jeden Tag die Toten von Vietnam still erträgt, findet die Nackten von Woodstock obszön.

Das zweite Ereignis ist zumindest symptomatisch: die »Teenage Fair 69« in Düsseldorf, die »erste deutsche Konsumenten-Messe speziell für junge Leute«, im August 1969. (Foto: Szene auf einer Tanzveranstaltung der »Teenage Fair«). Das ist, fast parallel zur auslaufenden Revolte, die Vermarktung der Revolte: Die Faust soll zurück in die Tasche und endlich das Taschengeld rausrücken. Denn das verfügbare Geld der 14- bis 21jährigen beläuft sich auf das erkleckliche Sümmchen von 20 Milliarden Mark. Da schlägt dem braven Handelsmann das Herz für die deutsche Jugend gleich wieder höher. Drei Milliarden geben die Jugendlichen allein für Klamotten aus, man stelle sich das vor. Die Mädels verbrauchen für 750 Millionen Mark Kosmetika, Jahr für Jahr. Diese Generation hat also Geld, und die von den Vordenkern in Berkeley und Berlin massenhaft geweckten Glücksverheißungen sollen sich ruhig verwirklichen, aber bitte im Konsum.

Aus der »großen Verweigerung« wird die große Verwirklichung: Konsumrausch statt Drogenrausch. Die vielbesungene Freiheit kommt, aber nur als Symbol. Love & peace, schön und gut, aber dafür brauchst du die richtigen Klamotten. Echte Hippie-Mode. Was sich da an Kaufkraft abschöpfen läßt! Klar, draußen steht ein Trüppchen APO-Leute und protestiert gegen den Konsumterror. Doch das ist das Geschwätz von Wohlstandskindern, die fast alles haben. Du kaufst, also bist du. Und *born to be wild* sind nicht mal die *Go-Go-Girls* auf der Düsseldorfer Messe, die sind auch bloß gekauft.

Der Musikmarkt ist gigantisch, doch die deutsche Branche verschläft den Aufbruch in eine milliardenschwere Zukunft. Roy Black oder Peter Alexander, das zieht einem echt die Schuhe aus. Aus England kommen andere Schlagertöne: Tom Jones, Cliff Richard, Mary Hopkins, auch seicht, aber doch *swinging London.* Die Westcoast-Hippie-Musik dagegen (Greatful Dead) verbreitet meditative Techniken, Bewußtseinserweiterung und Drogenkonsum bis nach Quadrath-Ichendorf. Die *trips* durch die künstlichen Paradiese beginnen. Die *Stones* lassen in ihren Shows keinen Zweifel, daß Rock 'n' Roll und Sex im Grunde identisch sind. In München hat die Uraufführung des Hippie-Musicals »Hair« im Jahr zuvor den ersehnten Skandal hervorgerufen; nackte Menschen, lange Haare – das bringt klingende Münze.

Langsam wird die Revolte zur Legende. Der SDS hat sich, im letzten Herbst, selbst aufgelöst. Der schöne Weg in die strahlende Zukunft mündet im Labyrinth linker Trampelpfade, die sich im Nirgendwo verlieren. In Frankfurt haben schon Kaufhäuser gebrannt, Baader und Meinhof sind bereits im Untergrund, der aber keineswegs der gepriesene *underground* ist.

Was als antiamerikanischer Protest gegegen den Vietnamkrieg begann, wird zum beinahe weltweiten Triumph der amerikanischen Subkultur, zur Amerikanisierung der Welt, zum ersten Schritt in Richtung Globalisierung: Schafft zwei, drei, viele Amerikas.

Werner Biermann

7. Dezember 1970
Brandts Kniefall in Warschau

Der Mann zupft gedankenverloren an den Schleifen des Kranzes, den seine Helfer abgelegt haben, tritt dann ein paar Schritte zurück, zögert. Ein naßkalter Dezembermorgen in Warschau. Im Zwielicht flackern am Ehrenmal die Lichter eines siebenarmigen jüdischen Leuchters. Rings um den Mann Journalisten, Fotografen, Schaulustige. Ein Routinetermin: Kranzniederlegung. Dann aber läßt sich der Mann plötzlich auf die Knie fallen und verharrt so. Ein Bild tiefer Demut. Alle sind überrascht. Dann ein Blitzlichtgewitter. Und etwas entfernt bricht Egon Bahr in Tränen aus und murmelt: »Was dieser Mensch noch alles machen muß für sein Volk.«

»Dieser Mensch«, Willy Brandt, ist seit einem Jahr Kanzler der Bundesrepublik Deutschland. Was er »für sein Volk« macht, ist in seinem Volk durchaus nicht unumstritten: »Verzichtspolitiker«, sagen seine politischen Gegner. Das soll heißen, er verzichtet auf deutsche Gebiete, er betreibt den »Ausverkauf deutscher Interessen«. Die westdeutsche Polizei muß sich mit Morddrohungen gegen den Kanzler und seinen Außenminister befassen – alles wegen des Vertrages, den der Mann, der jetzt am Mahnmal kniet, herbeigesehnt und herbeigeführt hat und der an diesem Tag in Warschau unterzeichnet werden soll.

Zwanzig, dreißig Sekunden vergehen so. Was mag der Kanzler denken, was denken die anderen? Deutsch-polnische Geschichte: Bilder wirbeln durch die Köpfe, Gedanken, Erinnerungen vielleicht: der September 1939, als deutsche Soldaten in Polen einfielen und den Zweiten Weltkrieg auslösten; deutsche Wörter wie Auschwitz, Zyklon B, Genickschuß; das Warschauer Ghetto, der Aufstand gegen die deutschen Besatzer, 1943, und deren grausame Rache hier, wo jetzt das Mahnmal steht und der Mann kniet: Mit Flammenwerfern töteten die Kommandos der SS Tausende meist jüdischer Männer, Frauen, Kinder in ihren Zufluchtswinkeln unter der Erde; es gab eine halbe Million Tote. Ein Kniefall also angesichts einer Geschichte voller Krieg, Haß, Schuld. Auch die polnische Schuld der Vertreibung der Deutschen gehört dazu.

Brandt ist am Vortag in Warschau eingetroffen. Großer Bahnhof auf dem Militärflugplatz, große Erwartungen, »ein Ereignis von weltpolitischem Rang« (*Deutsche Zeitung*): Der zweistrahlige

Hansa-Jet landet, Ministerpräsident Józef Cyrankiewicz wartet am roten Teppich, zum ersten Mal kommt ein deutscher Kanzler nach Polen, zum ersten Mal seit dem Krieg ertönt in Polen das Deutschlandlied. Außenminister Walter Scheel ist bereits mit großem Gefolge in einer früheren Maschine gekommen; mit ihm kamen unter anderem die Schriftsteller Günter Grass und Siegfried Lenz. Beide stammen aus den »verlorenen Ostgebieten«, Grass aus Danzig, Lenz aus Ostpreußen. Beide sind entschiedene Parteigänger der neuen Ostpolitik.

Im Lager der Heimatvertriebenen in Deutschland rumort es, und einige Intellektuelle wie Klaus Mehnert haben Drohbriefe erhalten: »Sie werden neben Brandt und Scheel hängen!« Brandt weiß, daß, wer seine Heimat verlassen mußte, »bitter für den Krieg bezahlt hat«. Aber man müsse »die Kette des Unrechts endlich durchbrechen«.

Nach der Aussöhnung mit den westlichen Ländern will er jetzt die Versöhnung mit den östlichen Nachbarn in Gang bringen – und das auf dem Höhepunkt des Kalten Krieges. Bei dem Vertrag, der an diesem Tag unterzeichnet wird, geht es vor allem um eines: um die deutsch-polnische Grenze. Dieser Vertrag bedeutet tatsächlich Verzicht: nicht auf die Ostgebiete (die man de facto

schon seit 25 Jahren nicht mehr besitzt), wohl aber darauf, derlei Ansprüche überhaupt aufrechtzuerhalten. Der Fläche nach geht es dabei um ein Viertel des alten Reichsgebietes, um Ostpreußen, Pommern, Schlesien, um Danzig, Stettin, Posen und Breslau: um die Hälfte des alten Preußen.

»Für viele meiner Landsleute«, sagt Brandt, »deren Familien im Osten gelebt haben, ist dies ein problemgeladener Tag. Manche empfinden es so, als ob jetzt der Verlust eintritt, den sie vor 25 Jahren erlitten haben.« Aber man müsse die europäischen Realitäten anerkennen: »Mit diesem Vertrag wird nichts verspielt, was nicht Hitler schon verspielt hat.«

Für Polen, dessen staatliche Existenz durch den traumatisierenden Hitler-Stalin-Pakt und den Krieg bereits einmal ausgelöscht war, geht es um die endgültige Sicherung seiner Westgrenze. Nun grenzt Polen im Westen nicht an die Bundesrepublik, sondern an die DDR, den sozialistischen »Bruderstaat«, der diese Grenze längst anerkennt. »Wir Deutschen«, sagt Brandt, »sind eine Nation, die zur Zeit in zwei Staaten lebt. Den Polen liegt an einer Grenzgarantie durch die gesamte deutsche Nation«, also durch beide Staaten.

Vielleicht ist kein deutscher Politiker besser geeignet, diese neue Politik zu repräsentieren, als Brandt, der als junger Antifaschist vor den Nazis ins Exil flüchten mußte und in ihre Verbrechen nicht verwickelt war. Im Ausland deshalb hoch angesehen, wurde er in Deutschland lange Zeit diffamiert, etwa im Wahlkampf 1961, als Adenauer von dem »Kandidaten Willy Brandt alias Herbert Frahm« munkelte. Brandt, der angeblich »auf deutsche Soldaten schoß« und im Spanischen Bürgerkrieg »Nonnen schändete«: eine böse Schmutzkampagne, ein schlimmes Spiel mit deutschen Ressentiments. Dieser Mann pocht jetzt auf Moral als einer politischen Kraft.

Für diese Moral ist, mehr noch als der im Palais Radziwill unterzeichnete Vertrag, sein Kniefall das einprägsame, bleibende Bild. Die internationale Anerkennung für diesen Kniefall ist enorm; *Time* wählt Willy Brandt zum »Man of the year«: Er sei der einzige Politiker mit einer schlüssigen Vision, »der interessantesten und hoffnungsvollsten Vision eines neuen Europa, seit sich der Eiserne Vorhang herabsenkte«. Im Jahr darauf wird Brandt der Friedensnobelpreis zugesprochen.

»Aussöhnung kann nicht von Staatsmännern verfügt werden, sie kann nur in den Herzen der Menschen heranreifen«, sagt er. »Ich habe das Bild unseres Globus vor Augen, wie es die Astronauten gesehen haben, wie einen leuchtenden Edelstein auf schwarzem Samt. Bei diesem Anblick verschwinden Grenzen und Streitigkeiten ... Wir beginnen Aufgaben zu erkennen, die nicht einzelnen Völkern gestellt sind, sondern der Menschheit.«

Werner Biermann

Sommer 1971
Kino, Kolle, Porno-Welle

U*nterm Dirndl wird gejodelt,* heißt es in einem Kinofilm. Und ein anderer erwidert *Liebesgrüße aus der Lederhose.* Hat man *In den Adern heißes Blut* (»ein Film voller hemmungsloser Leidenschaft und explosivem Sex«), dann treibt's einen unvermeidlich zum *Matratzen-Tango.* In *Frau Wirtin bläst auch gern Trompete* geht es um dieselben Instrumente wie im *Schulmädchenreport,* Teil vier (»Was Eltern nicht für möglich halten!«). Ein anderer Titel holt aus zum Gegenschlag: *Was Schulmädchen verschweigen.*

Der Kinobesucher betrachtet irritiert die »Beispiele aus dem wirklichen Leben« – und grübelt über die Unwirklichkeit der eigenen Existenz. Das »Thema

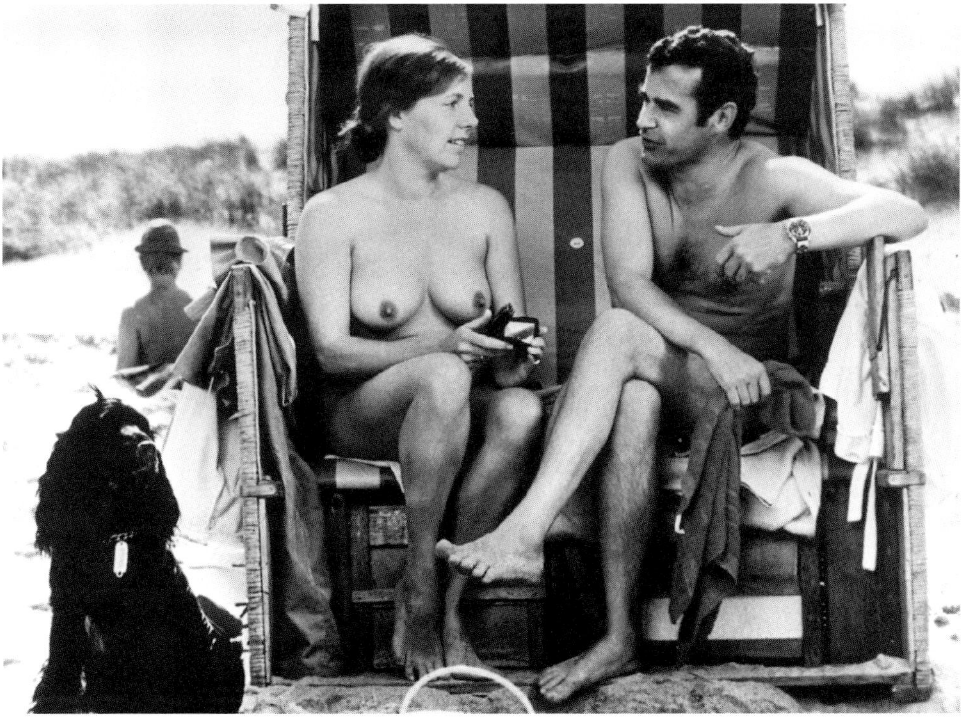

Nummer eins« steht 1971 wirklich an der Spitze aller Themen. Ein sonderbares Aufklärungsbedürfnis hat die Deutschen befallen. Als wollten sie jetzt endlich herausfinden, was es wirklich auf sich hat mit dem Sex.

Jetzt zeigt es sich, daß in deutschen Schlafzimmern bisher bloße Stümperei geherrscht hat. Ausgerechnet das Kino wird jetzt zur höheren Lehranstalt: In dem »aufsehenerregenden Farbfilm« *Anatomie des Liebesaktes* demonstriert ein Ehepaar (!) »alle Varianten der körperlichen Liebe, und ein Arzt erläutert die dabei ausgelösten Vorgänge«. Man riecht die Kaliseife im Krankenhaus.

Genaugenommen sind es zwei Wellen, die da anrollen: die Sex-Welle und die Aufklärungs-Welle, doch sie greifen ineinander. Die dritte, die wirkliche Porno-Welle, läuft erst langsam an: in den Nachtclubs. Wie seinerzeit die Freßwelle nach dem großen Hunger kam, so kommt die Sexwelle nach einer endlosen Wüste von christlicher Sexualverteufelung, propagierter Ehe-Askese und heimlicher Doppelmoral über die Menschen. Man hat jetzt zwar *Das Wunder der Liebe* neu entdeckt, muß aber zugleich erschrocken feststellen, daß man nicht mal seinen Partner wirklich kennt. Deine Frau, Dein Mann: alles »unbekannte Wesen«, aber praktisch voller erogener Zonen. Was es nicht alles gibt!

Ein Mann namens Oswalt Kolle treibt, einem liebevollen Kalauer folgend, sein bekanntes Unwesen: ein »Orpheus des Unterleibs«, der »Aufklärer der Nation«. Kolle ist »in offener Ehe« verheiratet und deshalb »sehr glücklich« mit Marlies. (Foto: Oswalt und Marlies Kolle auf Sylt). Jetzt, 1971, dreht er gerade *Liebe als Gesellschaftsspiel*, und in München spüren einige Staatsanwälte schon »dieses gewisse Prickeln«. Kolle-Filme werden immer zunächst beschlagnahmt – und dann Sensationserfolge. Dreimal schon heimste er, der die Kinos wieder füllt, die »Goldene Leinwand« ein. Die »Moralische Aufrüstung« hingegen, ein Club von selbsternannten Sittenwächtern in München, bezichtigt Kolle der »Herstellung und Verbreitung von Pornographie« und somit des Verstoßes gegen den § 184.

In Deutschland fällt unter das Pornographieverbot, was das Schamgefühl verletzt – und zwar das »Schamgefühl eines normalen Menschen«, zumeist also eines Amtsrichters, der dann »aus eigener Sachkunde« zur Beschlagnahme schreitet.

Justitia war lange Zeit eine Frau ganz ohne Unterleib. Denn die christliche Sexualmoral teilt den menschlichen Körper in zwei Hemisphären, mit dem Gürtel als Äquator. Alles, was sich »unterhalb der Gürtellinie« abspielt, ist unfromm und böse, und die Darstellung des »Bösen«, die unsere Sehnsüchte und Begierden hervorruft, wird kriminalisiert und demgemäß auch nur in einem merkantilen Schattenbereich gehandelt: unter dem Ladentisch.

Um eine Reform des Pornographieverbots (§ 184) geht es 1971 im Strafrechtssonderausschuß des Bundestages. Oswalt Kolle und andere haben gepredigt, der Staat solle endlich das Privatleben seiner Bürger respektieren – wenn auch der Genuß pornographischer Filme, zugegeben, »keinen Ausweg zu einem wirklich freieren Sexualleben bietet, sondern nur ein Ventil für sexuellen Überdruck darstellt«. Die sozialliberale Regierung hat begriffen, daß die sexuellen Vorstellungen und Praktiken der Bürger sich verändert haben, daß alte Tabus nicht mehr gelten. Die Porno-Welle soll, ehe sie zur Springflut wird, mit einer Reform des Sexualstrafrechts wenigstens kanalisiert werden. Die Verbreitung von Pornographie ist praktisch sowieso kaum noch zu verhindern. Bereits vor der Reform setzt die Branche jedes Jahr rund 500 Millionen Mark um.

Nach dem Entwurf des Sonderausschusses soll das Pornographieverbot, soweit es erwachsene Menschen betrifft, nur noch für sadistische, pädophile und sodomistische Darstellungen gelten. Für Kinder und Jugendliche soll Pornographie generell verboten bleiben. Bei einem Experten-Hearing mit 30 Sexualwissenschaftlern in Bonn erklärt Volkmar Sigusch vom Hamburger Institut für Sexualforschung, die bedingte Freigabe der Pornographie sei völlig unbedenklich, auch für Jugendliche, da die grundlegende Triebrichtung eines Menschen durch pornographische Erzeugnisse nicht beeinflußt werde. Theologen beider Konfessionen dagegen befürchten, durch Pornographie werde »eine Normkraft auf das sexuelle Verhalten ausgeübt«. Pornographie sei Schamverletzung, Verletzung der Intimsphäre. Alexander Mitscherlich gibt ihnen recht, indem er Sigmund Freud zitiert: »Der Verlust der Scham ist das erste Zeichen von Schwachsinn.«

Der Stuttgarter Psychotherapeut Rudolf Affemann glaubt, Pornographie sei gefährlich, weil sie die Lust von der Liebe abkoppelt und die »personale Liebe in unpersönlichen Sex überführt«. Viele Fachleute haben Bedenken vor den Auswüchsen: Die Porno-Welle sei kaum noch bloß pornographisch, sondern ungeheuer aggressiv und sadistisch, und dies zumeist auf Kosten der Frau, die als vorgegebenes Opfer diene; zur Aufrechterhaltung der Absatzmärkte schrecke die Porno-Branche auch vor »rassistischen und pervers-politischen Darstellungen bis zur Glorifizierung der SS und der Verherrlichung des Ritualmordes« nicht zurück. Oft gehe es gar nicht primär um Sexualität, sondern »um den Einstieg in die Gewöhnung an Gewaltakte, an Grausamkeiten, Terror und faschistische Ideologie«.

»Wir alle sind nicht wirklich mündig«, sagt Mitscherlich. »In einer wirklich mündigen Gesellschaft wäre Pornographie kein Problem, sie könnte sich gar nicht erst zum Millionengeschäft entwickeln.«

Werner Biermann

10. April 1972
Der Kampf um den § 218

Tag für Tag werden mehr als tausend Frauen in Deutschland zu Tätern; insgesamt sind es Millionen, die geltendes Recht verletzen und damit hohe Gefängnisstrafen riskieren. Etwas stimmt also nicht: entweder mit den Frauen oder mit dem geltenden Recht. Der § 218 des Strafgesetzbuches sagt lapidar: »Eine Frau, die ihre Leibesfrucht abtötet oder die Abtötung durch einen anderen zuläßt, wird mit Freiheitsstrafe bis zu fünf Jahren bestraft.«

Anfang April 1972 gehen in vielen deutschen Städten (Foto: in Frankfurt am 8. 4.) die Frauen auf die Straße: »Schluß mit der Bevormundung« steht auf ihren Transparenten, oder auch: »Mein Bauch gehört mir«. Vor den am 10. April beginnenden Hearings der zuständigen Bundestagsausschüsse zur Reform des § 218 verlangen sie, statt ›Flickschusterei‹, die ersatzlose Abschaffung des Abtreibungsparagraphen.

Mit einer spektakulären Aktion unter der Überschrift »Ich habe abgetrieben« bezichtigen sich im *Stern* vom 6. Juni 1971 374 meist prominente deutsche Frauen öffentlich, sich einer »illegalen Schwangerschaftsunterbrechung« unterzogen zu haben: »Jährlich treiben in der Bundesrepublik rund eine Million Frauen ab«, heißt es in ihrer Erklärung. »Hunderte von Frauen sterben, Zehntausende bleiben krank und steril, weil der Eingriff von Laien vorgenommen wird. Frauen mit Geld können gefahrlos im In- und Ausland abtreiben. Frauen ohne Geld zwingt der § 218 auf die Küchentische der Kurpfuscher.«

Der Streit um das Problem der Abtreibung berührt zahllose soziale und ethische Fragen. Die vielleicht umstrittenste ist: Wann beginnt das Leben? Mit der Befruchtung, mit der Einnistung (Nidation) des Eis in die Gebärmutterschleimhaut nach einigen Tagen, mit dem deutlich ausgebildeten Fötus von zehn Zentimetern Größe im dritten Monat, oder sogar erst mit dem hörbaren Herzschlag im fünften? Und wer darf, wenn überhaupt, über dieses Leben verfügen: der Staat als Beschützer auch des »noch nicht geborenen« Lebens oder die »werdende Mutter«, die nicht Mutter werden will? Gehört ihr Bauch wirklich ihr – mitsamt dem euphemistisch so genannten »Schleim-Pfropf« bzw. »Gewebe-Knäuel«? Oder ist das, worüber sie frei verfügen will, bereits ein »beseeltes Wesen«, wie die christliche Leh-

re sagt, ein »heiliges und unantastbares Leben, über das kein anderer ein Verfügungsrecht hat«? Welche Gründe kann oder muß man für den Abbruch einer Schwangerschaft akzeptieren? Und falls es solche Gründe gibt: Bis zu welchem Zeitpunkt der Schwangerschaft sollen sie gelten?

Die Politiker, Strafrechtler, Soziologen, Moraltheologen, Kirchenvertreter, Gerichtsmediziner, die sich jetzt jeden Tag in den Medien zu Wort melden, haben –

aus der Sicht vieler Frauen – einen ihnen allen gemeinsamen Nachteil: Sie sind Männer, und sogar die Sorge um das bereits geborene Leben, um die Kinder, überlassen sie allzuoft allein den Frauen. Die Vizepräsidentin des Bundestages, Liselotte Funcke, findet den § 218 »so unmenschlich, so erbarmungslos, so überheblich von Männern geschaffen, die er nicht betrifft«.

Gegen den trotzig-schlichten Slogan »Mein Bauch gehört mir« erklären deutsche Bischöfe, die Mutter habe kein Verfügungsrecht über das ungeborene Leben, dies sei kein Teil ihres Körpers, sondern ein »ihr nur anvertrautes« Leben. »Töten ist und bleibt töten«, sagt der Paderborner Erzbischof Lorenz Kardinal Jäger, »ob nun der Arzt einem Geisteskranken die Spritze gibt oder eine Frau das empfangene Kind abtreibt.« In der millionenfach praktizierten Abtreibung sieht er ein »neues Euthanasie-Programm«.

Die katholische Kirche befindet sich allerdings in dem Dilemma, daß die vernünftigste Vermeidung von Abtreibungen – die konsequente Empfängnisverhütung – von der höchsten kirchlichen Instanz, dem Papst, in jedweder Form abgelehnt wird.

Und die Gynäkologen, die ja die von den Frauen geforderte legale Abtreibung vornehmen müßten? Schon die hippokratische Eidesformel verbietet den Ärzten die Abtreibung. 1970 noch hat der »Welt-Ärztebund« in der Deklaration von Oslo erklärt, Ärzte sollten »die höchste Achtung vor dem menschlichen Leben vom Zeitpunkt der Empfängnis an bewahren«. 1971 ergibt eine Umfrage unter nahezu allen deutschen Gynäkologen, daß 95 Prozent von ihnen einen Abbruch der Schwangerschaft »nur aus schwerwiegenden Gründen« für vertretbar halten; genauso viele Gynäkologen halten allerdings »die gegenwärtige Regelung für unzureichend«. Die meisten plädieren für mehr Sexualaufklärung und eine konsequenter praktizierte Empfängnisverhütung. Oder für die »Pille danach«, die eine Einnistung des Eis verhindert. Auch der ›Verband der niedergelassenen Ärzte Deutschlands‹ verlangt, statt abzutreiben, der Empfängnis vorzubeugen, denn: »Jede Schwangerschaftsunterbrechung ist ein Akt der Tötung.«

Die pragmatischen Verfechter(innen) der ersatzlosen Streichung des § 218 pochen auf die Tatsache, daß seine Strafandrohung *de facto* an der täglichen Praxis der Abtreibungen nichts ändert. Es komme also nur darauf an, die Abtreibungen weniger risikoreich, d. h. von medizinischen Profis, den Ärzten, vornehmen zu lassen.

Die Motive der Mütter, die sie zur Abtreibung zwingen, sind klar: Eine allgemeine Kinderfeindlichkeit im deutschen Wirtschaftswunderland verbindet sich mit zahlreichen ungelösten sozialpolitischen Problemen, etwa der rechtlichen und moralischen Diskriminierung unehelicher Kinder und ihrer ledigen Mütter (besonders in Kirchenkreisen), dem Mangel an Wohnungen, Kinderkrippen und Kindergärten, dem Fehlen finanzieller Hilfe in Notfällen.

Im April 1972 liegen mehrere Modelle zur Reform des § 218 auf dem Tisch. Alle haben das Ziel, die Frauen, die durch ungewollte Schwangerschaft in Not geraten, vor der Illegalität zu bewahren und ihnen gleichzeitig durch eine Reihe gesellschaftspolitischer Maßnahmen zu helfen.

Die jüngsten Parteitage der Regierungsparteien SPD und FDP haben sich Ende 1971 mit großer Mehrheit für eine generelle Straffreiheit in den ersten drei Monaten der Schwangerschaft (»Fristenlösung«) ausgesprochen. Die sozialliberale Bundesregierung und Justizminister Jahn favorisieren trotzdem das »Indikationsmodell«, d. h. einen Katalog von verbindlichen Rechtfertigungsgründen für eine legale Abtreibung: die *medizinische* (Gefahr für Leben und Gesundheit der Mutter), die *ethische* (z. B. Schwangerschaft durch Vergewaltigung oder sexuellen Mißbrauch), die *kindliche* (Gefahr geistiger oder körperlicher Behinderung des Kindes) und die *soziale* Indikation (Gefahr einer schwerwiegenden sozialen Notlage). CDU und CSU melden im Bundesrat grundsätzliche Bedenken gegenüber beiden Modellen an und lehnen die »soziale Indikation« vollkommen ab.

Bei der öffentlichen Anhörung der Sachverständigen – ausschließlich Männer – vor dem Strafrechtssonderausschuß des Bundestages im April 1972 entsteht bei den laut protestierenden Frauen der Eindruck, bei der »Flickschusterei am § 218« werde »das Recht der Frauen auf Selbstbestimmung mit Füßen getreten«. Der Kampf um den Paragraphen 218 gibt der deutschen Frauenbewegung einen ungeheuren Schub: »Ob Kinder oder keine bestimmen wir alleine«.

Werner Biermann

25. November 1973
Autofrei

Bilder, die sich tief ins Gedächtnis gegraben haben: Fußgänger auf vierspurigen Straßen, Radfahrer auf Autobahnen, Pferde statt Motoren. Vier Sonntage im Herbst 1973. (Foto: Schnellstraße in Essen, 25. November). Manch einen beschleicht Wehmut, schön war die Zeit, gemütlich, geräuscharm.

Rückblende: 6. Oktober 1973. Am jüdischen Feiertag Jom Kippur greifen Ägypten und Syrien Israel an. Sie wollen die 1967 verlorenen Gebiete zurück-

erobern. Der Ausbruch des vierten Krieges im Nahen Osten erschreckt die westliche Welt, denn aus den arabischen Ländern kommt das Öl, das die Industrieländer so dringend benötigen.

Die freien Ölhändler in Rotterdam wittern sofort das große Geschäft, ein Geschäft mit der Angst. Schon eine Woche nach Ausbruch des Krieges zahlt man im holländischen Hafen für eine Tonne Heizöl statt wie bisher 200 DM den stolzen Preis von 350 DM. In Deutschland bricht unter den Abnehmern und Händlern eine wahre Panik aus. Die Verbraucher ordern Öl in ungewohnten Mengen, die Händler kassieren in ungewohnter Höhe.

Bis dahin haben die ölproduzierenden Länder von den Gewinnen noch nichts gesehen. Am 16. Oktober 1973 beschließen die Vertreter der Golfstaaten in Kuwait, die Erdölpreise um 70 Prozent auf fünf Dollar pro Barrel zu erhöhen. Ein für die Golfanrainer notwendiger Schritt, denn Öl ist extrem billig, ein Barrel kostet im August 1973 weniger als 1957.

Einen Tag später kommt die OAPEC, die Organisation der arabischen Erdöl exportierenden Länder, überein, das schwarze Gold als politische Waffe zu nutzen. Die Ölproduktion will man so lange um monatlich fünf Prozent drosseln, bis sich Israel aus den besetzten Gebieten zurückzieht. Mit dem Boykott sollen die westlichen Regierungen gezwungen werden, auf Israel einzuwirken. Die Niederlande und die USA bekommen wegen ihrer freundlichen Haltung gegenüber Israel keinen Tropfen Öl mehr geliefert.

Aus Angst wird Hysterie. In Deutschland müßten eigentlich keine Versorgungsengpässe auftreten, die Vorratslager sind gefüllt. Die Regierung bestätigt immer wieder, daß die Versorgung für ein halbes Jahr gesichert sei, sogar für den Fall, daß überhaupt kein Öl mehr ins Land kommen sollte. Dennoch werden an den Tankstellen Schilder aufgehängt: »Kein Benzin vorrätig« oder »Benzin ausverkauft«. Der Handel weist den Vorwurf, künstlich Knappheit zu erzeugen, weit von sich. Schuld seien die Verbraucher, die mit ihren Hamsterkäufen die Distribution überforderten.

Anfang November ist immer noch nicht abzusehen, ob und wann das Öl wieder wie gewohnt fließen wird. Bundestag und Bundesrat verabschieden deshalb das »Gesetz zur Sicherung der Energieversorgung«. Am 25. November ist es dann soweit: Tempo hundert auf Autobahnen, achtzig auf Landstraßen, ein Sonntagsfahrverbot für 24 Stunden und das Verbot, Benzin in Kanistern zu tanken. Auch in Belgien, Dänemark, Italien, Luxemburg, Norwegen und in den Niederlanden werden Fahrverbote verhängt.

Der Journalist Friedrich Nowottny fragt in einem Fernsehinterview keck, ob dieses Sonntagsfahrverbot nicht eine etwas alberne Aktion sei, die viel Psychologie, aber wenig Wirkung habe. Sein Gesprächspartner, der Staatssekretär im Bundeswirtschaftsministerium Karsten Rohwedder erwidert, er rechne, mit der Aktion etwa 4–5 Prozent Benzin einsparen zu können. Doch alle Beteiligten wissen, daß der Benzinverbrauch der Autos im Verhältnis zum Ölverbrauch

der Industrie und der Heizungen der Privathaushalte sehr gering ist.
Eine Idylle bricht aus. Einen Tag lang Pferdefuhrwerke, Fahrräder, Fußgänger und Reporter, die sich darüber wundern, daß die Menschen das Fahrverbot mit großer Gelassenheit, ja sogar mit einer gewissen Neugier annehmen. Und denen, die meinen, nicht auf ihr allerliebstes Spielzeug verzichten zu können, wird geholfen. Recht unbürokratisch erhalten sie Sonderfahrgenehmigungen.
Die Ölkrise und die Einschränkungen enden am 24. Dezember, als in Kuwait beschlossen wird, die Produktion wieder zu steigern. Das politische Ziel, Israel aus den besetzten Gebieten zu vertreiben, haben die arabischen Staaten nicht erreicht. Was bleibt, ist ein Ölpreisschock. Am Jahresende kostet der Barrel Öl 11,6 US-Dollar, also viermal soviel wie noch im August.
In diesem Herbst 1973 wird vielen Deutschen zum ersten Mal klar, daß das Auto keine Selbstverständlichkeit ist. Wegen der autofreien Tage wächst auch das Bewußtsein, wie viele unangenehme Seiten dieses Symbol für Freiheit und Status hat: Gestank, verstopfte Straßen, Staus und Tote.
Die westliche Wirtschaft ist verwundbar geworden, die Abhängigkeit unserer Überflußgesellschaft von äußeren Faktoren ist offensichtlich. In der Folge lernt die Wirtschaft, mit weniger Energie den Wohlstand zu sichern. Man setzt alles daran, sich von den Golfstaaten unabhängiger zu machen. Als neuer Hoffnungsträger wird alsbald die Atomenergie angepriesen. Mancher vermutet aber schon jetzt, daß hier der Teufel mit dem Beelzebub ausgetrieben werden soll.

Erika Fehse

24. April 1974
Der Kanzler-Spion

Am 24. April 1974 tritt er aus dem Schatten Willy Brandts hervor: Günter Guillaume. Der Mann mit der Sonnenbrille gilt als fleißig, umsichtig, belastbar und unauffällig. Seit November 1972 ist er einer von drei persönlichen Referenten des Bundeskanzlers. Zu seinen Aufgaben gehört es, Kontakte zu Parteien, Kirchen und Verbänden zu pflegen. Er bereitet des Kanzlers Reisen vor und begleitet ihn im Wahlkampf. (Foto: Brandt und Guillaume auf dem Bahnhofsgelände von Hannoversch Münden, April 1974). Ein guter »Adjutant«. Am Abend, wenn der Wein die Zungen löst, sitzt er dabei in gemütlichen Runden und mit ihm – wie sich nun herausstellt – das Ministerium für Staatssicherheit der DDR.

Als Guillaume am frühen Morgen dieses 24. April verhaftet wird, sagt er zur Überraschung der Anwesenden: »Ich bin Hauptmann der Nationalen Volksarmee. Ich bitte, meine Offiziersehre zu respektieren.« Damit ist allen Beteiligten klar: Ein großer Fisch ist ins Netz gegangen. Der Kanzler-Spion.

Willy Brandt erfährt von der Verhaftung seines engen Mitarbeiters, als er – mit dem Flugzeug aus Kairo kommend – in Köln-Wahn landet. Schon elf Monate zuvor hatte Innenminister Genscher ihm von einem vagen Verdacht gegen Guillaume berichtet. Doch Willy Brandt wurde nicht umfassend informiert und nahm den Verdacht nicht ernst. Genscher gab ihm den Rat des Präsidenten des Verfassungsschutzes Günther Nollau weiter, Guillaume an seinem Platz zu belassen und nichts zu verändern. Nollau wollte Beweise sammeln. Nun ist der Skandal perfekt. Die Zeitungen überschlagen sich. So nah war noch nie ein Ostagent an das Zentrum der Macht herangekommen – jedenfalls nach Kenntnis der Westdeutschen.

Ein Untersuchungsausschuß wird eingesetzt, Parlamentsdebatten folgen, gegenseitige Schuldzuweisungen. Das einzige Ergebnis ist die Tatsache, daß alle den fleißigen, braven Biedermann, diesen pflichtbewußten, unauffälligen, grauen Diener unterschätzt haben. Denn dem »Günter« hat man eigentlich nie viel zugetraut. Langsam fügt sich das Puzzle des Top-Spions zusammen.

Der 1927 im Berliner Proletarierviertel Prenzlauer Berg geborene Günter Guillaume hatte sich Anfang der 50er Jahre verpflichtet, dem Ministerium für

Staatssicherheit zu dienen. In der gleichen Zeit lernte er seine Frau Christel kennen. 1956 wurden die beiden als Flüchtlinge nach Westdeutschland eingeschleust. Als Existenzgrundlage diente alsbald ein Tabak- und Spirituosengeschäft – eine unauffällige Tarnung. Das zu beackernde Feld: die Sozialdemokratische Partei Deutschlands.
1957 trat das Ehepaar der SPD bei. Beide waren ausgesprochen fleißig, fehlten bei keiner Sitzung, arbeiteten sich hoch.

Christel Guillaume wurde Sekretärin im SPD-Bezirk Hessen-Süd, ihr Mann Geschäftsführer, erst im SPD-Unterbezirk Frankfurt, dann bei der SPD-Fraktion im Stadtrat. Guillaume galt als Kommunistenhasser, was ihm das Vertrauen des rechten Flügels der SPD verschaffte. 1969 organisierte er für Georg Leber den Wahlkampf. Damit war der Weg nach Bonn frei. Leber vermittelte ihm eine Stelle bei Herbert Ehrenberg.

Am 1. Januar 1970 sollte Guillaume seine Arbeit in Bonn aufnehmen. Doch bei der Sicherheitsüberprüfung wurden Bedenken laut. Sowohl beim BND als auch beim Untersuchungsausschuß freiheitlicher Juristen fanden sich Hinweise auf eine mögliche frühere nachrichtendienstliche Tätigkeit. Während eines zweistündigen Verhörs durch Ehmke, Ehrenberg und einen erfahrenen Sicherheitsbeauftragten konnte Guillaume indes alle Zweifel zerstreuen. Mit einem Monat Verzögerung kam er ins Bundeskanzleramt. Zwei Jahre später gelang ihm sein Meisterstück. Er stieg zum persönlichen Referenten von Willy Brandt auf.

»Was sind das für Leute« – notiert Willy Brandt am 24. April in sein Tagebuch, »die das ehrliche Bemühen um den Abbau von Spannungen – auch und gerade zwischen den beiden deutschen Staaten – auf diese Weise honorieren?« Der Kanzler ist erschüttert. Doch als er vor dem Bundestag eine Erklärung abgibt, spielt er den Fall erst einmal herunter – nein, Guillaume sei nie mit Geheimakten in Kontakt gekommen. Das entsprach nicht ganz den Tatsachen.

Im Sommer 1973 hatte Guillaume das Ehepaar Brandt nach Norwegen in die Ferien begleitet. Dort war vom Bundesnachrichtendienst eine Fernschreibstelle eingerichtet worden. Günter Guillaume war ermächtigt, die Dokumente zu empfangen, hin- und herzutransportieren. Darunter streng geheime Schreiben, die interne Auseinandersetzungen der NATO-Partner betrafen.

Bis zum 1. Mai 1974 sieht es noch so aus, als würde Willy Brandt den Fall durchstehen. Doch das Bundeskriminalamt hat begonnen, die Leibwächter zu interviewen. Und so entsteht eine Liste, in der die Frauenbekanntschaften des Kanzlers verzeichnet sind, von denen auch der Spion Kenntnis haben mußte. Und damit, so fürchtet man in Bonn, sei der Kanzler erpreßbar.

Der Entschluß zum Rücktritt fällt in Bad Münstereifel, wo die Parteiführung am 4./5. Mai konferiert. Noch am Sonntag abend schreibt Willy Brandt: »Ich übernehme die politische Verantwortung für Fahrlässigkeiten in Zusammenhang mit der Agentenaffäre Guillaume und erkläre meinen Rücktritt.« Für viele ist diese Entscheidung ein Schock, verkörpert Brandt doch die Entspannungspolitik zwischen Ost und West und steht im eigenen Land für das Konzept, mehr Demokratie zu wagen. Anderen paßt der Abschied hingegen gut ins Konzept.

Guillaume selbst soll entsetzt gewesen sein, als er davon hört. Das habe er nicht gewollt. Und das wiederum will ihm so recht keiner glauben.

Erika Fehse

28. April 1975
Das Gefängnis Stuttgart-Stammheim

Am 28. April 1975 wird ein karges, nüchternes Betongebäude im Ortsteil Stuttgart-Stammheim der Presse vorgeführt. Schmale Fensterschlitze mit kugelsicherem Glas, Fernsehaugen überall, Tiefstrahler, die nachts das Terrain erhellen. Innenhof und Dach dieses für zwölf Millionen Mark errichteten Mehrzweckgebäudes sind mit einem Nylonnetz überspannt, das Granaten abfangen soll. Fünfhundert Polizisten und Bundesgrenzschützer sichern den mit Zaun und Betonmauer umgebenen Komplex, in dem am 21. Mai einer der größten Indizienprozesse der Bundesrepublik beginnen soll.

In der angrenzenden Haftanstalt sitzen 1975 vier mutmaßliche Terroristen, Mitglieder der »Rote-Armee-Fraktion« (RAF), Gudrun Ensslin, Andreas Baader, Ulrike Meinhof und Jan Karl Raspe. Die vier sind angeklagt, eine Serie von Sprengstoffanschlägen und Einbrüchen verübt zu haben, bei denen fünf Menschen getötet und 71 zum Teil schwer verletzt worden sind. Der Sachschaden geht in die Millionen, die Beute aus Banküberfällen beläuft sich auf knapp 500 000 Mark.

Das als sicherstes Gefängnis Europas bezeichnete Hochhaus wurde für die Aufnahme der RAF-Häftlinge extra umgebaut. Das Besucherzimmer z. B. ließ man so einrichten, daß die Gefangenen nur durch Trennwände aus Plexiglas mit ihren »Gästen« sprechen können. Der Anwalt Croissant polemisiert gegen diesen »Käfig«, durch den die Häftlinge zu »wilden Tieren« degradiert würden. Auch in dem neu errichteten Gerichtssaal ist Sicherheit das oberste Gebot.

Vier Tage vor der Pressekonferenz in Stammheim überfiel das sechsköpfige »Kommando Holger Meins« die deutsche Botschaft in Stockholm. Man drohte, zwölf Geiseln zu töten und die Botschaft in die Luft zu sprengen, wenn nicht Andreas Baader, Gudrun Ensslin, Ulrike Meinhof, Jan Karl Raspe und 22 weitere in der Bundesrepublik inhaftierte »Anarchisten« freigelassen würden. Die Bundesregierung lehnte ab. Aus der Drohung wurde Ernst. Die Terroristen erschossen den Militärattaché Andreas von Mirbach und den Wirtschaftsattaché Dr. Heinz Hillegaart. Danach sprengten sie das Gebäude in die Luft. Einer der Täter wurde von der eigenen Sprengladung getötet, ein anderer erlag seinen Verletzungen. Die übrigen Terroristen wurden überwältigt und an die Bundesrepublik ausgeliefert.

Weit unblutiger war ein Erpressungsversuch im Februar verlaufen. Anarchisten, die sich »Bewegung 2. Juni« nannten, hatten am 27. Februar 1975 den CDU-Abgeordneten Peter Lorenz auf seinem Weg zur Arbeit entführt. Einen Tag später kam die Forderung: Freilassung von sechs Gefangenen der Terrorszene, die mit jeweils 20 000 DM ausgestattet in Begleitung von Pfarrer Albertz ausgeflogen werden sollten. Darunter absichtsvoll niemand, der des Mordes angeklagt war. Unter Vorsitz von Helmut Schmidt beriet ein Krisenstab, was zu tun sei. Am 2. März gab Schmidt bekannt, daß das Leben von Peter Lorenz wichtiger sei als die Staatsräson. Drei Tage später war er wieder frei, und fünf der sechs Häftlinge gelangten in den Jemen.

Keine gute Voraussetzung für einen entspannten Prozeßbeginn im Mai 1975. Bedrängt von Gewalt und massiven Drohungen zieht sich das Gericht in die eigens errichtete Trutzburg zurück. Der Anfang des Prozesses erregt international großes Aufsehen. Zuschauer, Pressevertreter, aber auch die Rechtsanwälte müssen sich Leibesvisitationen und mehreren Kontrollen unterziehen. Nur Richter und Staatsanwälte sind von diesem Prozedere ausgenommen.

Journalisten dürfen nur Notizblock und Bleistift mitnehmen – Kugelschreiber sind nicht erlaubt. Die holländische Ta-

geszeitung *Trouw* berichtet nach dem ersten Prozeßtag, daß ein britischer Reporter einen Verband entfernen mußte, um zu beweisen, daß sich darunter nur eine Wunde versteckte. Die Anspannung ist enorm. Längst ist das Prinzip der Unschuldsvermutung, nach der niemand schuldig genannt werden darf, bevor er verurteilt ist, obsolet geworden.

Bis zum Ende des Jahres kann der eigentliche Prozeß nicht beginnen. Statt dessen wird gestritten: um die Verhandlungsfähigkeit der Angeklagten, um Befangenheitsanträge, um die Versuche, Theorien über die Stadtguerilla in der Öffentlichkeit zu verlesen, um die Nichtanerkennung der »Zwangsverteidiger« und um Entpflichtung der »Wahlverteidiger«. Es wird gebrüllt, das Wort entzogen, die Rede des Widerparts unterbrochen. Tumulte, bösartige Beschimpfungen, kaum noch zu kontrollierende Aggressionen lassen den Gerichtssaal zeitweilig schier zum Tollhaus werden.

Am Ende des Jahres sind die Zuschauerbänke leer und nur noch ein Anwalt – Otto Schily – ist von den ursprünglich sieben Wahlverteidigern übriggeblieben. Der Vorsitzende der Vereinigung der deutschen Strafverteidiger Schmidt-Leichner sagt im Herbst 1975, daß hier nicht die Spielregeln der Strafprozeßordnung versagen würden, sondern ein »schwaches Gericht«. Stuttgart-Stammheim ist nun mehr als der Name eines Vorortes oder einer Haftanstalt. Er ist Symbol für die Auseinandersetzung des deutschen Staates mit denen, die ihm den Krieg erklärt haben.

Erika Fehse

13. November 1976
Wolf Biermann in Köln

Am 13. November 1976 in der Kölner Sporthalle. Wolf Biermann bedankt sich bei seinem Publikum, zu Tränen gerührt. Seiner Mutter Emma, die in der zweiten Reihe sitzt, wirft er eine Blume zu, dann tanzt er vor Freude über die Bühne. Elf Jahre sind es her, daß er das letztemal öffentlich aufgetreten ist. An diesem Samstagabend jubeln ihm 6500 Zuhörer zu. Ein Fest. Über vier Stunden lang hat er gesungen, Gedichte vorgetragen und immer wieder wie in einer »Bibelstunde auf kommunistisch« seine Vision von einem menschlichen Sozialismus beschworen.

Der Sänger wohnt in Ost-Berlin, in der Chausseestraße 131. Das weiß das Publikum durch die im Westen produzierten Platten, deren Cover Biermann in seinem vollgestopften Wohnzimmer zeigen. Er, der Sohn eines in Auschwitz ermordeten jüdischen Werftarbeiters und Kommunisten, siedelte 1953 freiwillig in die DDR über. Damals war er sechzehn Jahre alt. Auf dem Hamburger Gymnasium hatte er sich wie in Feindesland gefühlt und war froh, in das »bessere Deutschland«, in die DDR ziehen zu dürfen. Er machte seinen Schulabschluß, studierte, wurde Assistent am Berliner Ensemble, und der Komponist Hanns Eisler wurde sein wichtigster Förderer.

1960 begann er, Lieder und Gedichte zu schreiben, zuerst über die Liebe, dann solche, die sich mit der Diskrepanz zwischen sozialistischem Anspruch und der DDR-Wirklichkeit befaßten. Und schon begannen die Schwierigkeiten. 1963 wurde er aus der Partei ausgeschlossen, 1965 erhielt er Auftritts- und Publikationsverbot. Doch diese Verbote bewirkten genau das Gegenteil dessen, was mit ihnen beabsichtigt war: Biermann wurde populär, sowohl in West- als auch in Ostdeutschland. Ein gesamtdeutscher Barde, einer der wenigen, die sich ernsthaft mit beiden Seiten des geteilten Landes beschäftigten.

Trotz aller Widrigkeiten, Verbote und Verfolgungen liebt der gehaßte Sohn sein Vaterland, die DDR – auf dem Köln-Konzert zeigt und besingt er es mit Wehmut, Sympathie und Zorn. Doch er will den Staat verbessern, vermenschlichen. Mit seinen Liedern und Gedichten wirkt er wie das personifizierte schlechte Gewissen einer schönen sozialistischen Idee. Das können die DDR-Oberen nicht länger ertragen.

Drei Tage nach dem Konzert, am 16. November, beschließt das SED-Politbüro auf seiner Sitzung unter Punkt vier die »Aberkennung der Staatsbürgerschaft für Wolf Biermann. Berichterstatter: Erich Honecker.« In einer Pressemitteilung wird diese Entscheidung »mit seinem feindseligen Auftreten gegenüber der Deutschen Demokratischen Republik« begründet. Im *Neuen Deutschland* wird er als »antikommunistischer Krakeeler« dargestellt, der die Werktätigen verraten habe.

Der Sänger und seine Freunde sind entsetzt, hatte er sich doch auf diese Reise nur eingelassen, weil ihm versprochen worden war, auf jeden Fall wieder einreisen zu dürfen. Erst Jahre später wird deutlich, daß Biermann, wie er es ausdrückt, in Köln auch »Hänschen klein« hätte singen können, denn seine Ausbürgerung hatte die Staatssicherheit schon lange vor dem Konzert beschlossen.

Einen Tag nach diesem »schäbigen Trick«, wie Heinrich Böll es nennt, formulieren zwölf namhafte DDR-Autoren und ein Bildhauer ihren Protest. Stephan Hermlin, von dem man weiß, daß er für Erich Honecker große Sympathie empfindet, trommelt die bekanntesten seiner Kollegen zusammen. Gemeinsam bitten sie die Regierung, »die beschlossenen Maßnahmen zu überdenken«.

Am Nachmittag des 17. November wird die Erklärung an die DDR-Nachrichtenagentur ADN, das *Neue Deutschland* und einige Stunden später auch an zwei westliche Agenturen übermittelt. Im Osten wird sie wie erwartet totgeschwiegen, im Westen um so lauter verkündet. Zum ersten Mal seit dem Arbeiteraufstand vom 17. Juni 1953 äußern DDR-Bürger öffentlich Kritik. Damit hat die Staatsmacht nicht gerechnet. Und auch nicht damit, daß über hundert Kulturschaffende der DDR sich dieser Petition anschließen werden.

Auch im Westen hagelt es Proteste. Die Ausbürgerung beherrscht die Schlagzeilen. Die ARD will das gesamte Konzert am Freitag abend zur besten Sendezeit ausstrahlen, damit sich die Menschen in der DDR ein eigenes Bild machen können. Dagegen regt sich Protest von rechts. Diesem »wirklichkeitsfremden Kommunisten Gelegenheit zu einer dreieinhalbstündigen Mammut-Propagandaschau« zu geben, das sei doch zuviel. Auf einer Schaltkonferenz am Tag der Sendung wird beschlossen, die Übertragung auf 22.25 Uhr zu verschieben.

Nun ist Biermann wirklich populär. Der DDR-Staat reagiert hart. Der Regimekritiker Robert Havemann, ein enger Freund Biermanns, wird unter Arrest gestellt. Der junge und noch unbekannte Schriftsteller Jürgen Fuchs verschwindet für lange Zeit in Untersuchungshaft, manch Unterzeichner zieht die Unterschrift nach eingehenden »Diskussionen« mit den Staatsgewaltigen wieder zurück, andere werden mit Arbeitsverboten belegt.

Mit Biermanns Ausweisung beginnt ein kultureller Exodus, Hunderte Intellektuelle stellen einen Ausreiseantrag und dürfen nach langer Wartezeit in den Westen ausreisen.

Erika Fehse

25. September 1977
Die Schleyer-Entführung

Dr. Hanns Martin Schleyer, der Präsident der Bundesvereinigung der Deutschen Arbeitgeberverbände und des Bundesverbandes der Deutschen Industrie im »Volksgefängnis« von seinen Entführern fotografiert – als Beweis, daß er (noch) lebt.

Sein Martyrium beginnt am 5. September 1977. Gegen 17.25 Uhr wird er von seinem Fahrer Marcisz zu seiner Kölner Wohnung gefahren, bewacht von drei Beamten, die ihm in einem zivilen Polizeiwagen folgen. Sie alle wissen: Der Arbeitgeberpräsident ist sehr gefährdet, er steht auf der Prominentenliste der RAF (Rote-Armee-Fraktion). In einer Kurve muß Marcisz plötzlich bremsen, denn ein Kinderwagen versperrt die Straße. Sofort beginnt eine Schießerei. Im Kugelhagel sterben die vier Begleiter Schleyers, er selbst wird in einen VW-Bus gezerrt, der mit hoher Geschwindigkeit davonrast. In einem Hochhaus in Erftstadt, keine 30 Autominuten von Köln entfernt, haben die Terroristen ihr »Volksgefängnis« eingerichtet. Die Forderungen der Entführer: Elf »gefangene aus der raf«, darunter Andreas Baader, Gudrun Ensslin und Jan Karl Raspe, sollen im Austausch freigelassen und mit je 100 000 Mark in ein Land ihrer Wahl geflogen werden.

Der Schock ist groß. Bundeskanzler Helmut Schmidt beruft einen Krisenstab. In den Zielen sind sich alle schnell einig: einen Austausch um jeden Preis vermeiden, Schleyer lebend befreien und die Entführer vor Gericht stellen. Die Bundesregierung setzt auf Zeitgewinn. Die größte Fahndungsaktion in der Geschichte der Bundesrepublik wird eingeleitet, zentral geführt von BKA-Präsident Horst Herold. Eine falsche Entscheidung – wie sich sehr schnell herausstellen wird. Ein organisatorisches Chaos ist die Folge und führt zu schweren Ermittlungsfehlern.

Am Mittwoch, dem 7. September, also nur zwei Tage nach der Entführung, erfährt ein Polizeihauptmeister von der Hausverwaltung eines Hochhauses in Erftstadt, daß ein Apartment von einer alleinstehenden Dame gemietet worden ist, die bar im voraus bezahlt hat und zudem noch ein dickes Bündel Geldscheine in ihrer Handtasche verbarg. Eine heiße Spur. Alles paßt zusammen: Hochhaus, Garage im Keller und eine große Summe Bargeld. Der Polizeihauptmeister ist davon überzeugt, daß

diese Wohnung mit der RAF-Aktion in Verbindung steht. Doch es wird weder ein Durchsuchungsbefehl beantragt noch die Identität der Frau überprüft. Denn über Nacht ist die Befehlsstruktur der Polizei geändert worden. Alles muß nun über das BKA und den Generalbundesanwalt abgewickelt werden.

Der Hinweis auf das Objekt wird per Fernschreiben an den Koordinierungsstab des Polizeipräsidiums Köln abgesandt. Doch niemand gibt die Daten der Recherche aus Erftstadt in den BKA-Computer ein. Als der Skandal später auffliegt, als klar wird, daß das Leben Schleyers hätte gerettet werden können, ist es zu spät.

Unterdessen werden die RAF-Gefangenen vollständig isoliert, dürfen auch von ihren Verteidigern nicht mehr besucht werden. Doch untereinander können sie weiter Kontakt halten, durch Radiogeräte und Lautsprecher, die sie selber zu einer Sprechanlage umgerüstet haben.

Tage vergehen. Um Zeit zu gewinnen, läßt die Regierung ein Ultimatum nach dem anderen verstreichen, setzt einen Zwischenhändler ein, läßt Staatsminister Wischnewski in die verschiedensten Länder reisen, um die mögliche Aufnahme der Gefangenen mit den jeweiligen Regierungen zu diskutieren. Währenddessen läuft die Rasterfahndung auf Hochtouren.

Am 13. Oktober wird von einem Kommando »Martyr Halimeh« die Lufthansa-Maschine »Landshut« entführt. An Bord 91 Frauen, Männer und Kinder. Die vier Entführer fordern die Freilassung der RAF-Gefangenen sowie zweier Palästinenser und fünfzehn Millionen Dollar Lösegeld. Nach einem nervenaufreibenden Irrflug über Rom, Zypern und Dubai, währenddessen einer der Piloten erschossen wurde, landet die »Landshut« am 17. Oktober auf dem Flughafen der somalischen Hauptstadt Mogadischu.

Am gleichen Tag distanziert sich Andreas Baader in einem Gespräch mit zwei Beamten von der Flugzeugentführung. Diese Art von Aktionen gegen unbeteiligte Zivilisten hätte die RAF nie gebilligt, und das würde sie heute auch nicht tun. Sein Angebot: wenn man sie freiließe, würden sie nie wieder deutschen Boden betreten, unterstreicht er mit dem Argument, daß freigelassene Gefangene im Verhältnis zu toten Gefangenen für die Bundesregierung das kleinere Übel seien . . .

In der Nacht zum 18. Oktober stürmt ein Kommando der GSG-9 mit Blendgranaten das Flugzeug. Um 0.12 Uhr meldet Staatsminister Wischnewski nach Bonn: »Die Arbeit ist erledigt.« Drei der Entführer sind tot, eine Frau schwer verletzt, die Urlauber können unversehrt das Flugzeug verlassen. Die Gefangenen in Stammheim hören die Nachricht noch in der gleichen Nacht im Radio.

Am nächsten Morgen werden Andreas Baader und Gudrun Ensslin tot in ihren Zellen gefunden. Andreas Baader liegt neben seiner Pistole, Gudrun Ensslin hängt an einem Elektrokabel am Fenster. Jan Karl Raspe stirbt zwei Stunden später an einer Schußverletzung im Krankenhaus. Irmgard Möller überlebt ihre Stichverletzungen. Die Gefangenen der RAF haben – wie sie schon Monate zuvor drohten – ihr »Schicksal selbst in die Hand« genommen und ihre Selbstmorde so zu tarnen versucht, daß manche an Mord denken. Die Verbreitung dieser Legende kommt den RAF-Aktivisten entgegen, und schlampige, teils widersprüchliche Untersuchungsergebnisse fördern Spekulationen.

Noch lebt Hanns Martin Schleyer in einem Versteck in Brüssel, bewacht von zwei Männern. Die verfrachten ihn noch am gleichen Tag in den Kofferraum eines Wagens, lassen ihn in dem Glauben, bald frei zu kommen, fahren über die Grenze ins Elsaß und erschießen ihn – von hinten – auf einer Wiese.

Der »deutsche Herbst« und die davorliegenden sieben Jahre »Stadtguerilla« mit insgesamt 47 Toten haben die Bundesrepublik verändert. Das Land hat an Liberalität verloren. Doch der hochgezüchtete Polizeiapparat konnte den Terrorismus nicht stoppen.

Erika Fehse

September 1978
Die Kinder vom Bahnhof Zoo

Im September 1978 startet die Illustrierte *Stern* eine aufsehenerregende Serie. Die 16jährige Christiane F. erzählt ihre Geschichte. Eine Geschichte von Kindern, die sich in dreckigen öffentlichen Toiletten Heroinspritzen in die Adern jagen. Von Kindern, die auf dem Babystrich ihre Körper verkaufen, um das Geld für die Drogen zu verdienen. Die gutbürgerlichen Leser sind erschüttert und fasziniert zugleich, denn die Geschichte ist authentisch, sie spielt in

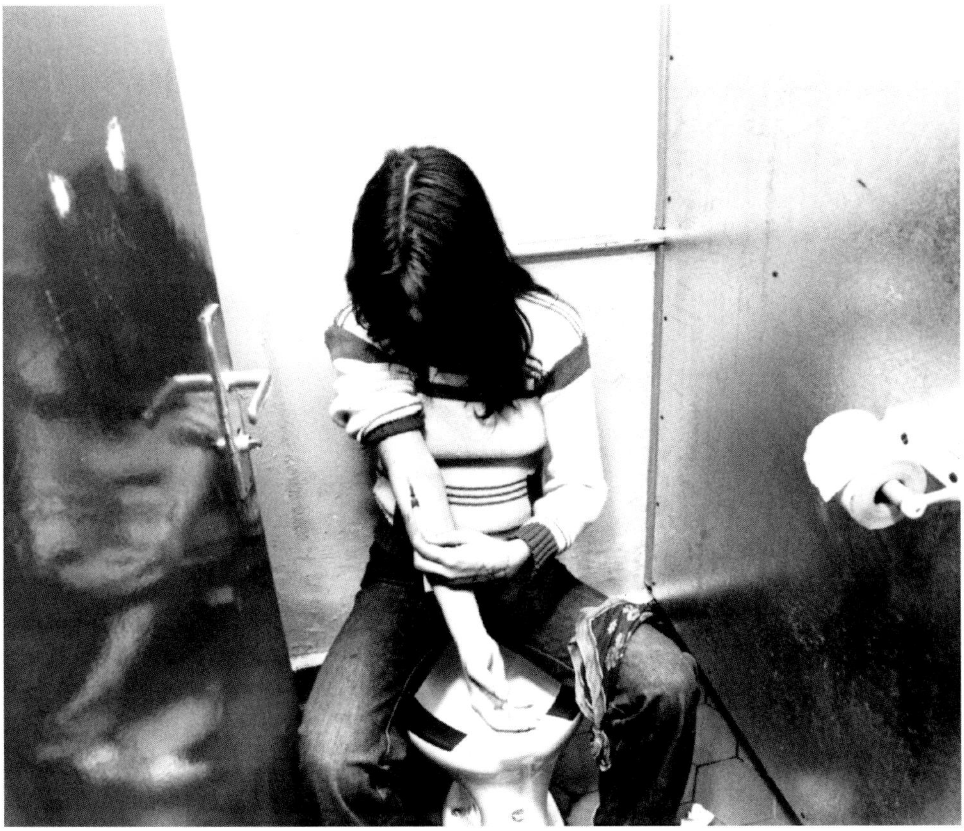

der Bundesrepublik, im fernen und doch so nahen Berlin. Das Elend drogensüchtiger Kinder kannte man bislang nur aus der dritten Welt. Und nun ist der eigene Nachwuchs betroffen.

Die *Stern*-Autoren Kai Herrmann und Horst Rieck treffen Christiane F. bei ihren Recherchen über die Situation Jugendlicher in West-Berlin. Berlin gilt als »härteste Drogenszene« der Bundesrepublik. 1978 sind 1800 Fixer bei der Polizei registriert; Schätzungen gehen von mehr als 5000 Drogensüchtigen aus. Es sind nicht mehr die Schüler und Studenten, die zum Zwecke der Bewußtseinserweiterung haschen und fixen, sondern Kinder und Jugendliche aus den unteren sozialen Schichten, Hauptschüler ohne Schulabschluß, ohne Perspektiven.

Christiane F. erzählt von diesem Leben im Abseits und davon, wie sie da hineingeriet. Die beiden Journalisten zeichnen die Gespräche auf Band auf, leihen dem Mädchen ihre Sprache und schreiben die Geschichte nieder.

Mit zwölf fängt Christiane an, Haschisch zu rauchen, fühlt sich in der Welt verlassen, findet Geborgenheit in einer Jugendclique in der Diskothek »Sound«. Die Freunde nehmen Heroin. Es dauert nicht lange, dann beginnt auch sie zu sniefen und bald zu drücken. Sie will anerkannt sein. Mit dreizehn ist sie süchtig, geht morgens zur Schule und nachmittags auf den Babystrich, von dem zu jener Zeit behauptet wird, daß es ihn nicht gäbe.

Christiane sieht Freunde sterben und sich selber langsam zugrunde gehen. Mit großer Genauigkeit schildert sie das Elend des Entzugs, die Rückfälle, die Angst vor dem Leben ohne Stoff und den immer enger werdenden Strudel der Sucht. Nach mehreren Anläufen jedoch schafft sie es, von der Spritze loszukommen – weit weg von Berlin bei ihrer Großmutter auf dem Land. Da endet die Geschichte der Christiane F.

Ursprünglich wollten die Autoren Christianes Lebensgeschichte als Buch herausbringen, sie fanden jedoch keinen Verlag. Das zur Serie erscheinende *Stern*-Buch wird ein Bestseller. Drei Jahre nach der Veröffentlichung ist es schon in zehn Sprachen übersetzt, 1,3 Millionen Exemplare sind verkauft.

1981 dann der Film zum Buch. Der 33jährige Münchner Regisseur Uli Edel hat ihn für vier Millionen Mark in Szene gesetzt. Anfang April startet die Neue Constantin den Film in 100 deutschen Städten. Ein ungewöhnlicher finanzieller Einsatz für eine deutsche Produktion, der sich auszahlen wird.

Innerhalb kürzester Zeit steht »Wir Kinder vom Bahnhof Zoo« auf Platz eins der Besucherhitliste. Ende April hat er schon über 1,8 Millionen meist jugendliche Zuschauer gefunden. Sogar amerikanische Großproduktionen kommen dagegen nicht an. »Superman« fällt auf Platz zwei zurück.

Das Elend als Medienereignis. Natürlich hagelt es Kritik. Die Kehrseite der Aufklärung sei die Befriedigung der gesellschaftlichen Sucht nach Sensationen mit Hilfe der Süchte ihrer Schwächsten. Reiner Voyeurismus. Drogenbeauftragte und Berater fürchten, Film und Buch würden zur Nachahmung animieren. Die Berliner Senatorin für Familie, Jugend und Sport glaubt sogar, das Image Berlins retten zu müssen, denn das, was der Film beschreibe, gäbe es so nicht mehr. Fixer melden sich zu Wort: Die »Szene« sei zu freundlich dargestellt. Im wirklichen Junkieleben gäbe es keine Freundschaft.

Christiane F. wird zur Kultfigur. Bei Klassenfahrten nach Berlin besuchen Scharen Jugendlicher ihre Leidensorte: Bahnhof Zoo, die Diskothek »Sound«, die Hochhäuser in Gropiusstadt, den Babystrich in der Genthiner- und der Lützowstraße. Die echte Christiane wird zu Talkshows eingeladen, bekommt Hunderte von Leserbriefen, wird zum Vorbild für Heerscharen desorientierter Jugendlicher. Sie ist dem Rummel nicht gewachsen. 1985 steht sie wieder vor Gericht: wegen Heroinbesitzes.

Erika Fehse

17. Januar 1979
Smogalarm

Mittwoch, 17. Januar 1979. Das Warnschild für die Smogalarmstufe zwei wird gesäubert und probehalber aufgestellt. Denn am Morgen dieses Januartages hat die nordrhein-westfälische Landesregierung Smogalarm ausgelöst. Noch gibt es kein Fahrverbot, aber es könnte sein, daß die Lage sich verschlimmert, und die betroffenen Gemeinden bereiten sich auf den Ernstfall vor.

Die Warnungen kommen über den Rundfunk: Die Essener Landesanstalt für Immissionsschutz hat zwischen fünf und acht Uhr in der Früh an der Hälfte ihrer Meßanlagen Schwefeldioxydwerte von über 0,8 mg pro Kubikmeter Luft gemessen. Für die Bewohner von Essen, Duisburg, Bottrop, Moers, Krefeld, Mülheim, Hünxe und Oberhausen heißt das Alarmstufe eins. Sie werden aufgefordert, das Auto stehenzulassen und öffentliche Verkehrsmittel zu benutzen. Asthma-, Bronchial- und Kreislaufkranke sollen möglichst zu Hause bleiben. Das Verbrennen von Abfällen und das Beheizen von Schwimmbädern ist zu unterlassen. Den Ärzten in den Krankenhäusern wird geraten, Operationen wenn möglich hinauszuschieben. Die Industriebetriebe werden aufgefordert, ihre Kesselanlagen zu drosseln.

Schon seit Tagen ist die Wetterlage an Rhein und Ruhr smoggefährdet. Kaum ein Wind weht, und über der kalten Luft in Bodennähe hat sich ein Warmluftdeckel ausgebreitet, so daß das täglich neu produzierte ungesunde Gemisch aus Autoabgasen, Industriequalm und Ruß weder zur Seite noch nach oben entweichen kann. Für diese bei Inversionswetterlage auftretende starke Luftverunreinigung hat man die Wortschöpfung Smog gefunden, eine Kombination aus Rauch (engl.: smoke) und Nebel (engl.: fog).

An diesem Januartag wird zum ersten Mal in der Geschichte der Bundesrepublik Smogalarm ausgelöst, aber Smog gibt es seit langem und in weitaus gefährlicheren Ausmaßen. Ende der 50er, Anfang der 60er Jahre galten im Ruhrgebiet Werte zwischen 1 und 2 Milligramm Schwefeldioxyd pro Kubikmeter Luft als »normal«. Diese Giftmenge kann man weder riechen noch schmecken. Doch Bronchial-, Asthma-, Herz- und Kreislaufkrankheiten nehmen zu, worauf lange Zeit keine Rücksicht genommen wurde. Es gab keine Gesetze und keine Grenzwerte.

Die Wende kam im Dezember 1962. Vier Tage wurden 5 Milligramm SO_2 im Himmel über der Ruhr gemessen. Tote waren zu beklagen. Eine Untersuchung sprach von 156 »zusätzlichen Sterbefällen«.

Aufgrund dieser Ereignisse wurde 1963 in Nordrhein-Westfalen ein Warndienst eingerichtet. Obwohl schon damals Wissenschaftler forderten, die erste Warnstufe bei 0,5 Milligramm SO_2 anzusetzen, legte man sich auf die Grenze von 2,5 Milligramm fest. Warnstufe zwei, bei der dann Fahrverbote für Kraftfahrzeuge und Einschränkungen für Großbetriebe gelten sollten, lag bei jenen tödlichen 5 Milligramm ... In diesen Wirtschaftswunderzeiten wollte man vor allem eins: Wohlstand schaffen – koste es, was es wolle.

1970 dann internationale Schlagzeilen:

New York, Washington, Sydney und Tokio waren unter dicken Smogdunstglocken kaum noch auszumachen. In Tokio mußten 9000 Menschen in Krankenhäusern behandelt werden.

All diese Ereignisse mögen den Autor Wolfgang Menge und den Regisseur Wolfgang Petersen bewogen haben, ihren Fernsehschocker »Smog« zu drehen. An einem Abend im April 1973 verfolgte die Fernsehnation mit Schrecken, wie gefährlich Smog sein kann.

Ein Jahr später trat ein Bundesimmissionsschutzgesetz in Kraft, und Nordrhein-Westfalen zog als erstes Bundesland Konsequenzen. Es erließ eine Smog-Verordnung und einen Alarmplan. Dieser Alarmplan kommt an diesem 17. Januar 1979 zum ersten Mal zur Anwendung. Nun sind es 0,8 Milligramm Schwefeldioxyd, die die Warnstufe eins auslösen, 1,6 Milligramm müssen gemessen werden, um die Alarmstufe zwei in Gang zu setzen, und bei 2,4 Milligramm können absolute Fahrverbote und Betriebsstillegungen angeordnet werden.

Duisburg ist am stärksten betroffen. Morgens um 8.30 Uhr werden hier 1,4 Milligramm SO_2 gemessen. Doch die Werke Thyssen und Mannesmann arbeiten den ganzen Tag mit voller Kraft – als wäre nichts geschehen. In Oberhausen hingegen gibt die Ruhrkohle AG Anweisung, nur mit schwefelarmen Brennstoffen zu heizen. In Mülheim und in Essen werden die Müllverbrennungsanlagen heruntergefahren. In Bottrop stehen hundert Helfer bereit, um innerhalb einer halben Stunde die Stadt absperren zu können. Der Appell an die Autofahrer, ihre Wagen stehenzulassen, bleibt indes ungehört. Der Verkehr rollt und staut sich wie gewohnt. Es scheint, als wollte man sagen, wir haben viel schlimmere Zeiten hinter uns und leben immer noch. Am Abend sorgen Wind und Schneefall für den nötigen Luftaustausch. Der Dreck zieht ab. Die Alarmstufe zwei bleibt den Bürgern im Ruhrgebiet erspart. Die Smogwarnschilder werden wieder weggeräumt ...

Erika Fehse

3. Mai 1980
Gorleben

Die Angst vor der Atomtechnologie ist im hintersten Winkel der Bundesrepublik angelangt: im Wendland, einem bislang verlassenen Landstrich an der Grenze zur DDR. »Gorleben soll leben«. Der kleine Ort wird in jenen Tagen Sinnbild für bäuerlichen Widerstand und die Erprobung alternativer Lebensformen, für die Verständigung zwischen den zugereisten langhaarigen »Chaoten« und der als »konservativ« eingestuften Landbevölkerung, für lange Diskussionen um energisches, aber gewaltfreies Handeln. (Foto: Wandbild an einem Bauernhaus in Gorleben).

Am 3. Mai 1980 versammeln sich rund 5000 junge Leute im Gorlebener Wald und besetzen das Gelände der Bohrstelle 1004. Hier will die Physikalisch-Technische Bundesanstalt (PTB) mit der dritten von insgesamt sieben Tiefbohrungen erkunden, wie der Salzstock im Inneren der Erde beschaffen ist. Denn der Salzstock ist als Endlager für Atommüll vorgesehen.

Wenn das Endlager in Gorleben verhindert wird, so hoffen die AKW-Gegner, hat das gesamte Atomprogramm der Regierung keine Zukunft. Dann wüßten die Betreiber der Kernkraftwerke nicht mehr, wohin mit ihrem Müll, und müßten diese abschalten. Eine Rechnung, die nicht aufgehen wird.

Die Besetzer rufen die »Republik Freies Wendland« ins Leben. In den folgenden Wochen bauen sie phantasievolle Holzhütten, errichten eine Kirche, ein Meditations- und ein Freundschaftshaus. Mustergültige alternative Fachwerkkunst: Das Frauen- und Kinderhaus z. B. wird mit einer »Nachtspeicherheizung« versehen – in der Lehmwand sind mit Wasser und Luft gefüllte Flaschen eingelassen, die nachts die Wärme abgeben, die sie am Tag gespeichert haben.

Auch in der Dorfpolitik sucht man Alternativen; Entscheidungen sollen im Einvernehmen gefällt, niemand soll durch Mehrheitsbeschlüsse überstimmt werden. In einem Sprecherrat werden täglich alle Probleme diskutiert, vom Kompost über die Gefahren der offenen Feuerstellen bis hin zum Verhalten am Tag X, an dem die Polizei anrücken wird. Rund 300 Dörfler wohnen ständig hier, an den Wochenenden steigt die Einwohnerzahl auf über 1000 an. Die Bevölkerung der Umgebung hegt – nach anfänglicher Skepsis – große Sympathie für die Platzbesetzer. Nachbarn bringen

Kuchen, eine Fleischfabrik spendiert Wurst, eine Brauerei liefert Bier. Die einheimischen AKW-Gegner sind froh über die Unterstützung von außen. Schließlich hat man in den letzten drei Jahren schon gemeinsam einige Erfolge errungen.

Angefangen hatte alles am 22. Februar 1977. Damals gab der niedersächsische Ministerpräsident Ernst Albrecht bekannt, daß die Wälder um Gorleben als Standort für ein »Nukleares Entsorgungszentrum« bestimmt worden seien. Eine Wiederaufbereitungsanlage, ein Zwischen- und ein Endlager sollten hier entstehen. Für die Bauern hieß das, ein riesiges Industriegebiet, über dessen Gefährlichkeit viel spekuliert wurde, würde inmitten ihrer Heimat erbaut. Trotz des erwarteten Geldsegens waren nicht alle begeistert. Einige hundert Bauern fuhren mit ihren Treckern gen Lüchow, um ihren Unmut zu äußern.

Im März 1979 begannen die ersten Bohrungen für die Baugrunduntersuchungen in Gorleben. Die Reaktion: Blockaden, Kirchenbesetzungen und ein großer Treck von Gorleben nach Hannover. Ganze Dörfer marschierten tagelang zu Pferd, auf Treckern, Fahrrädern und zu Fuß.

Während dieser Wanderung geschah das, was die Anti-Atom-Gemeinde noch fester zusammenhalten ließ, was noch mehr Menschen auf die Straße trieb: der AKW-Unfall in Harrisburg im US-Bundesstaat Pennsylvania. Eine radioaktive Wolke entwich dem Reaktorgebäude. Die Horrorvision vom Super-Gau rückte näher. Das war am 28. März. Drei Tage später erreichte der Gorlebentreck Hannover. Dort hatten sich 100 000 Kernkraftgegner versammelt. Das war die bislang größte Demonstration gegen das Atomprojekt der Bundesregierung. Zwei Monate später mußte Niedersachsens Ministerpräsident Albrecht eingestehen, daß eine Wiederaufbereitungsanlage »zur Zeit politisch nicht realisierbar ist«. Ein großer Erfolg für die Bürgerinitiative in Gorleben. Der Plan für das Zwischen- und Endlager blieb jedoch bestehen.

Mit der »Republik Freies Wendland« wollen die Besetzer nun das Zwischen- und Endlager kippen. Vier Wochen lang wird die Dorfidylle geduldet. Am 4. Juni marschieren Hundertschaften von Polizisten und Bundesgrenzschützern auf. Sie kommen mit Schilden, Knüppeln, Hunden, Pferden, Panzerspähwagen, Wasserwerfern und Häftlingstransportern. Unter den Helmen geschwärzte Gesichter. Hubschrauber donnern in einer bürgerkriegsähnlichen Luftübung über das Dorf hinweg. Kurz darauf walzen Bulldozer die ersten Hütten nieder. Diese Demonstration nackter Gewalt verfehlt ihre Wirkung nicht: Angst, Tränen und Verzweiflung.

Doch statt sich zu wehren, wie die Polizei es wohl erwartet, singen die rund 2000 angereisten Dörfler »we shall overcome«, lassen Luftballons steigen und sich einzeln wegtragen. Dennoch kommt es zu Übergriffen der Polizei. Journalisten, die fotografieren und filmen, werden brutal abgedrängt. Um 20 Uhr ist der Platz leer, von Stacheldraht umzäunt. Zwei Demonstranten müssen im Krankenhaus behandelt werden.

Die Pässe der »Republik Freies Wendland«, die den Inhabern bestätigen: »Lebenseinstellung: positiv; Denkfähigkeit: gut«; gültig »solange sein Inhaber noch lachen kann«, sind jetzt nur noch Andenken. An diesem 4. Juni ist vielen das Lachen vergangen, und die Angst, sich bald in einem Polizeistaat wiederzufinden, hat neue Nahrung bekommen.

Erika Fehse

10. Oktober 1981
Die große Friedensdemonstration in Bonn

Die Bonner Bürger sind wie elektrisiert: Seit den frühen Morgenstunde strömt eine stetig wachsende Menschenmenge in die Stadt der Beamten und Politiker. Ungezählte Busse, Sonderzüge und sogar ein Dampfer aus Heilbronn bringen aus allen Teilen der Bundesrepublik Hunderttausende an den Rhein. Lediglich aus Bayern trifft kein Sonderzug ein.

»Die achtziger Jahre werden mehr und mehr zum gefährlichsten Jahrzehnt in der Geschichte der Menschheit. Ein dritter Weltkrieg wird aufgrund der weltweiten Aufrüstung immer wahrscheinlicher.« Mit dieser Warnung haben die beiden kirchlichen Organisationen »Aktion Sühnezeichen« und »Aktionsgemeinschaft Dienst für den Frieden« zur großen Friedenskundgebung im Bonner Hofgarten aufgerufen.

Die Idee wurde Mitte des Jahres auf dem Hamburger Kirchentag geboren und von Mitgliedern christlicher Organisationen sowie den Initiatoren des Krefelder Appells und einigen Jusos entwickelt.

Im Unterschied zum Krefelder Appell von 1980 geht es diesmal nicht allein um die einseitige Abrüstung im Westen, sondern gegen das Wettrüsten beider Militärbündnisse in West und Ost. Damit wollen die Nachrüstungsgegner dem Vorwurf der politischen Einseitigkeit und des Antiamerikanismus entgehen.

Fünf Marschsäulen bewegen sich an diesem Samstagmorgen kilometerlang durch die engen Sraßen der Innenstadt mit Protestliedern, Parolen und Tausenden von Transparenten: »Entrüstet Euch!«, »Schokolade statt SS-20« und »Petting statt Pershing« oder »Ein neuer Job für Ronald – Verkäufer bei McDonald's!« Reagan und Breschnjew sollen endlich das Wettrüsten beenden.

»Moskaus Bataillone«, ist im *Bayernkurier* zu lesen. Eine »Volksfront von Sozialisten und Kommunisten«, kommentiert CDU-Chef Helmut Kohl. Und für Bundeskanzler Helmut Schmidt sind es »Spinner und Naivlinge«. Außerdem sei – so Schmidt – der Aufruf einseitig gegen die USA gerichtet.

Einzelne Bonner Geschäftsleute haben die Schaufenster ihrer Läden mit Spanplatten verbarrikadiert oder die Fenster mit starken Holzbohlen gesichert. Viele der Bürger aber reihen sich in die Menge mit ein.

Ein »Totenbataillon« – ganz in weiße Tücher gehüllt, vor den Gesichtern dunkle Totenkopfmasken – trägt eine zwei Meter lange Raketen-Attrappe. Alle, die hier in Bonn zusammengekommen sind, vereint die Furcht vor den Folgen eines möglichen Atomkriegs.
Die Regierenden der beiden Weltmächte USA und Sowjetunion haben sich, so scheint es, infolge unterschiedlicher Zählweisen des jeweils gegnerischen Vernichtungspotentials, hoffnungslos in der Debatte verrannt: Sofortiger Abbau aller SS-20-Raketen, fordert der Westen, »njet« sagt der Osten. Angesichts des amerikanischen Waffenaufgebots fürchten die Sowjets ein militärisches Ungleichgewicht zu ihren Ungunsten. Mit dem größten Rüstungsprogramm aller Zeiten will Reagan Breschnjew nun zum Rückzug zwingen.
Im Dezember dieses Jahres werden in Genf die Abrüstungsverhandlungen beginnen. Sollten diese aber, wie zu befürchten ist, scheitern, werden 1983, laut NATO-Doppelbeschluß, Pershing-II-Raketen und Cruise-Missiles in Europa stationiert, der größte Teil davon in der Bundesrepublik.
Im Falle eines kriegerischen Schlagabtauschs zwischen Ost und West würden beide Teile Deutschlands zum Schauplatz einer vernichtenden Atomschlacht, die auch angrenzende Länder zerstören würde.
Auch in der Bundesrepublik hat sich die Diskussion zwischen Befürwortern und Gegnern des NATO-Doppelbeschlusses

zugespitzt. Vor allem in der SPD wird die Sicherheitspolitik der Regierung bekämpft: Rund ein Viertel der SPD-Bundestagsfraktion unterstützt den Friedensmarsch auf Bonn, und Bundeskanzler Helmut Schmidt droht mit Rücktritt, falls der von ihm initiierte Doppelbeschluß von seiner Partei nicht gebilligt werde. Immerhin hat der Kanzler den Abtrünnigen versichert, die SPD wolle sie nicht ins politische Abseits drängen. Gleichzeitig betont er jedoch auch, ihm seien jene »zwielichtigen Gestalten« zuwider, die sich an die Rockschöße der Friedensbewegung gehängt hätten.

Zu den »zwielichtigen Gestalten« gehöre auch er, entgegnet darauf der Schriftsteller Heinrich Böll in einer Kundgebungsrede. Demnach wohl auch die über tausend Organisationen, Schulklassen, Bürgerinitiativen, die evangelische und katholische Kirchenjugend, Feministinnen, Einzelinitiativen aus Städten, Dörfern und Gemeinden, Wissenschaftler, Politiker, NATO-Soldaten und Offiziere, all jene also, die an diesem Tag im Bonner Hofgarten zusammengekommen sind.

Auf der Bühne auch das SPD-Präsidiumsmitglied Erhard Eppler: »Wir wenden uns als demokratische Bürger korrekterweise an unsere Regierung als Ansprechpartner. Und wem dies nicht gefällt, soll Nachhilfe in Demokratie nehmen.« Der Friedensforscher Alfred Mechtersheimer (CSU) wendet sich in seiner Rede insbesondere an Konservative und Bundeswehr: »Würdet ihr kämpfen, ihr würdet die Bundesrepublik zur Atomwüste machen.« Werde diese Frage nicht im Bundestag diskutiert, »werden Hunderttausende, morgen Millionen, dem Parlament das sicherheitspolitische Mandat entziehen und die Debatte selbst führen.« Und Petra Kelly, eine der drei Vorsitzenden der Grünen: »Die politische Landschaft wird sich Montag morgen verändern. Ich fordere mit euch den Rücktritt von Helmut Schmidt. Er soll seinen Platz Erhard Eppler überlassen.«

Den SPD-Vorsitzenden und Kundgebungsredner Willy Brandt hatte Helmut Schmidt wissen lassen: Eine Teilnahme von SPD-Mitgliedern an der Demonstration werte er als »Kampfansage« gegen seine Sicherheitspolitik. Mit seiner rigorosen Haltung aber hatte der Bundeskanzler ungewollt eine Gegenbewegung ausgelöst.

Die Befürchtungen der Veranstalter, die Kundgebung bliebe ohne nennenswerte politische Resonanz, hat sich nicht bewahrheitet.

Mehr als 300 000 Menschen sind an diesem 10. Oktober in Bonn versammelt. Es ist die größte Friedensdemonstration seit Bestehen der Bundesrepublik.

Der gewaltfreie Friedensmarsch auf Bonn sollte die Haltung der Regierenden zur Nachrüstung nicht ändern. Doch die 300 000 Menschen, die gewaltlos ihren politischen Willen hier bekundeten, ließen sich nicht länger als kommunistisch gelenkte Störenfriede beiseite schieben.

Gabriele Jakobi

3. Dezember 1982
Zwei Millionen Arbeitslose

Die Zeiten der Freßwelle, des Überflusses und des Wirtschaftswachstums sind vorbei. Jahrzehnte schien die Bundesrepublik auf Massenkonsum und Vollbeschäftigung eingestellt zu sein. Nun steckt das Land in der tiefsten Rezession seit Februar 1950. Damals, fünf Jahre nach Kriegsende, wurden über zwei Millionen Menschen ohne Arbeit gezählt.

Am 3. Dezember 1982 melden Presse und Funk erstmals wieder: Die Arbeitslosenzahl in der Bundesrepublik hat die Zweimillionengrenze überschritten. Tendenz steigend. Steigend ist auch die Zahl der Firmenkonkurse und Betriebsschließungen. Die Statistiken der deutschen Gerichte verzeichnen rund 27 000 Pleiten in den beiden vergangenen Jah-

ren. Konjunktureinbrüche, Mißmanagement, Fehleinschätzungen von Märkten und technischen Entwicklungen sind nur einige der Ursachen des wirtschaftlichen Niedergangs.

Allein in Nordrhein-Westfalen, dem Bundesland mit der größten Industriedichte der Republik, haben eine halbe Million Menschen ihren Broterwerb verloren. Mit einer Quote von 8,1 Prozent liegt das Land, dem einst die Arbeit kaum auszugehen schien, sogar über dem Bundesdurchschnitt.

Vor allem im Ruhrgebiet, wo Kohle und Stahl einmal Wohlstand und Vollbeschäftigung garantierten, herrscht Massenarbeitslosigkeit. Der Arbeitsplatzabbau in den vergangenen Jahren und die Konzentration der Wirtschaft auf Stahl haben Ängste und Abhängigkeit geschaffen, aber nicht nur bei den Stahlwerkern und ihren Familien, sondern auch in den ungezählten Subunternehmen, Zulieferbetrieben und bei Händlern im nahen und weiteren Umkreis. Bei den Stahlgiganten Krupp, Thyssen, Hoesch und Mannesmann stehen 1982 rund 80 000 Beschäftigte in Arbeit und Lohn. Aber von ehemals 38 000 Arbeitsplätzen wurden allein bei Hoesch mehr als 18 000 wegrationalisiert. (Foto: Vor dem Dortmunder Arbeitsamt haben Arbeitsuchende ihr Nachtlager aufgeschlagen, um frühmorgens beim Öffnen der Tür unter den ersten zu sein).

Die Nachfrage nach dem hochwertigen Ruhrstahl, der einst weltweit begehrt war, ist seit einigen Jahren rückläufig. Aufgrund der gestiegenen Rohstoffpreise und ausländischer Billiganbieter können die westdeutschen Unternehmen auf dem Weltmarkt nicht mehr konkurrieren. Hochöfen, Walzstraßen, ja ganze Betriebe wurden stillgelegt, und der Abbau geht weiter. Verrottende Maschinen und Fabrikgebäude werden zu Zeichen industriellen Verfalls. Der Bergbau, einst die wichtigste Existenzgrundlage der hier lebenden Menschen neben der Stahlproduktion, wird seit den sechziger Jahren stetig zurückgefahren.

Die Arbeitslosenquote in Duisburg-Hamborn liegt mit elf Prozent an der Spitze des Ruhrgebiets. »Ich habe neun Jahre bei Thyssen gearbeitet. Die Arbeit ist weniger geworden. Aber das, was früher zwanzig Mann gemacht haben, machen heute fünf oder sieben. Die Arbeit ist härter geworden«, weiß ein ehemaliger Thyssenarbeiter zu berichten. Ein anderer: »Es gibt in Duisburg keine andere Alternative als Stahl. Ich weiß keine.«

Im Saarland, der zweiten Stahlregion der Bundesrepublik, sieht die Lage noch schlimmer aus. Das kleine Bundesland bangt um seinen zweitgrößten Arbeitgeber: Die ARBED-Saarstahl-AG, die trotz des Abbaus von 8000 Arbeitsplätzen immerhin noch 20 000 Leute beschäftigt, steht mit drei Milliarden D-Mark Schulden vor dem Konkurs. Im Falle eines Zusammenbruchs würden nicht nur die 20 000 Stahlkocher arbeitslos, sondern auch die 50 000 Beschäftigten jener Betriebe, die von ARBED abhängig sind. Die Folgen für das ganze Saarland mag sich dort niemand vor Augen führen. Am allerwenigsten jene, die die Verantwortung für das jahrelange betriebliche Mißmanagement zu tragen haben. Trotz staatlicher Subventionen von insgesamt 2,2 Milliarden D-Mark sind die ARBED-Werke in Völklingen und Burbach offenbar kaum noch zu retten. Die Stahlproduktion im Neunkirchener Unternehmen wird Mitte 1982 eingestellt.

Die steigende Arbeitslosigkeit der achtziger Jahre ist jedoch nicht allein durch die Rezession und den Abbau der Altindustrie begründet. Im Januar dieses Jahres veröffentlicht der »Club of Rome« einen Bericht zum Thema »Mikroelektronik und Gesellschaft«. Hier heißt es: »Tatsächlich hat die Mikroelektronik in Wirtschaft und Gesellschaft bereits stillschweigend Einzug gehalten (. . .): Roboter in den Werkshallen (. . .) Automation der Büroarbeit; elektronische Systeme im Bankwesen; neue Konsumgüter und selbstverständlich überall Computer (. . .)«

Unwiederbringlich hat die neue Technologie einen grundlegenden Wandel in der Wirtschaft eingeleitet. Damit gehen tiefgreifende gesellschaftliche Veränderungen einher.

Durch den Einsatz des Mikrochips, jenes unscheinbaren, vier bis fünf Quadratmillimeter großen Metallplättchens, das rund tausend Informationen enthält und bis zu hunderttausend Funktionen speichern kann, werden aufwendige Mechanik und menschliche Arbeitskraft ersetzt. Schon hat die neue Technologie ihren Siegeszug im Bürosektor und im Produktionsbereich angetreten. In der Autoindustrie, zum Beispiel bei Ford, Opel und VW, haben Industrieroboter die Schweiß- und Lackierarbeiten übernommen. Zwar haben die stählernen Sklaven einen hohen Kaufpreis, doch dafür arbeiten sie Tag und Nacht, sind schneller als vier Facharbeiter, erwarten keinen Lohn und kennen weder Urlaub noch betriebliche Mitbestimmung. Ende 1982 sind bereits 3000 dieser elektronisch gesteuerten Roboter im Einsatz. Um, wie es heißt, international konkurrenzfähig zu sein, investieren Unternehmen Milliardenbeträge in die Modernisierung ihrer Fabrikanlagen. Die Produktivität wird sich um ein Vielfaches steigern und die Gewinne ebenso. Bei radikalem Personalabbau und weniger Lohnkosten wird die menschenleere Fabrik Wirklichkeit.

Im Bericht des »Club of Rome« wird die Ambivalenz der neuen Technologie besonders betont: »Die Frage der Beschäftigung ist die Kernfrage schlechthin. Wir behaupten hier, daß die Auswirkungen der Mikroelektronik auf die Beschäftigungslage entweder zu einem verhängnisvollen Konflikt oder aber zur Herausbildung einer neuen, besseren Gesellschaft führen wird.«

Schon damals prophezeien Experten 3,5 Millionen Arbeitslose für das Jahr 1990.

Gabriele Jakobi

25. April 1983
Die Hitler-Tagebücher

Hinter dem Biedermann mit dem exakt gezackten Kavalierstüchlein versteckt sich, so sein Chefredakteur, »der raffinierteste Reporter in Deutschland, der zäheste Spürhund, der sich denken läßt«. Gerd Heidemann, seit dreißig Jahren Starreporter der Hamburger Illustrierten *Stern*, hatte jahrelang geschnüffelt und zeigt seine Ausbeute am 25. April 1983 auf einer Pressekonferenz einer mehr als 100köpfigen internationalen Journalistenschar. Was er da in

Händen hält, sieht zwar nicht spektakulär aus, aber die kunstledernen Kladden haben es in sich: Der *Stern* präsentiert Hitlers Tagebücher. Insgesamt 60 Bände mit je 50 bis 100 Blatt Umfang. Einige tausend Seiten also, von denen die Zeitschrift über Monate Auszüge unters Volk bringen will. Hitler in Serie. Mächtig haut die mit Spannung erwartete Ausgabe des *Stern*, die ausnahmsweise am Montag erscheint, auf die Pauke: »Die Geschichte des Dritten Reiches wird in großen Teilen neu geschrieben werden müssen«, ist da in fetten Buchstaben zu lesen. Dann – schließlich muß die Story auch illustriert werden – Hitlers Gesicht in Großaufnahme, wozu eine Doppelseite herhalten muß: die in die Stirn gezogene Schirmmütze, der Blick ... Der Leser blättert um, und da sind sie, die Schriften ... Eintrag zur »Reichskristallnacht« am 9. November 1938: »... mir wird von unschönen Übergriffen einiger Uniformträger gemeldet, an einigen Orten auch von erschlagenen Juden und jüdischen Selbstmorden. Sind diese Leute denn verrückt geworden?« Zur diagnostizierten Scheinschwangerschaft seiner Geliebten Eva Braun: »Viel Leid hat Eva durchzustehen. Gerade nun, da ich wirklich keine Zeit, die diese junge Frau nun brauchte, habe, muß ich sie so allein lassen.«

Wie war der »zähe Spürhund« Heidemann an diese Schätze gekommen?

Die Story zu seiner Schnüffelei liefert der *Stern* über mehr als einem Dutzend Seiten gleich mit: »Gerd Heidemanns Bravourstück begann auf einem Schiff – der ehemaligen Motoryacht von Hermann Göring.« Das Boot hatte der Reporter von Görings Witwe gekauft und renovieren lassen. »Dafür mußte er sein Haus in Hamburg verkaufen.« Alles hat eben seinen Preis. Bald geben sich auf dem Schiff alte Nazi-Größen ein Stelldichein, und Heidemann erfährt Neuigkeiten von den letzten Tagen des Dritten Reiches, von der »Operation Serail« z. B.: Eine Flugstaffel habe persönliches Material Hitlers von Berlin nach Salzburg transportiert, und eines der Flugzeuge sei nicht angekommen. Der Reporter nimmt die Spur auf und findet tatsächlich den Absturzort der vermißten Maschine: Börnersdorf in der DDR, nahe Dresden. Aber wo ist die Ladung der Ju 352 geblieben, die persönlichen Aufzeichnungen Hitlers?

Daraus schließt der Reporter, daß Hitler Tagebücher geschrieben hat und daß diese in einer Metallkiste in eben jener abgestürzten Maschine transportiert worden seien. Das jedoch läßt sich nicht beweisen. Die Recherchen-Story schließt dennoch mit dem Satz: »Die Namen derer, die Hitlers Tagebücher im April 1945 geborgen haben, sowie die Aufbewahrungsorte und die Wege der Bücher im Westen wird der *Stern* nicht nennen.«

Selbst dem Chefredakteur Peter Koch und dem Herausgeber Henri Nannen bleiben die Namen verborgen. Sie vertrauen Heidemann, und beim Anblick der Tagebücher, die dieser über Monate nach und nach auf den Tisch legt, hat es ihnen wohl auch die Fragen verschlagen. Sie zahlen die von Heidemann geforderten Summen für die unbekannten Lieferanten. Am Schluß hatte man für

60 Bände Hitler-Texte über neun Millionen D-Mark ausgegeben, in bar. Schon in der Pressekonferenz richtet sich das Interesse der Journalisten weniger auf die Tagebücher selbst als auf die Frage nach deren Echtheit. Hitler-Devotionalien und Nazi-Souvenirs haben ihren Markt.

Es gibt aber auch zahlreiche Fälschungen. Naheliegende Fragen werden gestellt: Hitler, der erwiesenermaßen eine starke Abneigung gegen das Schreiben hatte, soll Tausende von Seiten gefüllt haben? Unbemerkt von seiner engsten Umgebung? Bei Historikern überwiegen die Zweifel.

Der *Stern* hält mit Experten dagegen. Sein Kronzeuge ist der renommierte britische Historiker Hugh Trevor-Roper: »keine Fälschung«, »von großer historischer Bedeutung«, und Heidemanns Recherchen-Story klinge plausibel.

Weshalb der *Stern* bei der ersten Überprüfung seinen Experten nur Materialschnipsel anbot bzw. sie nur für wenige Stunden in die Bücher einsehen ließ, bleibt sein Geheimnis.

Die Stimmen der Zweifler werden lauter. Erst jetzt beugt sich der *Stern* dem Druck. Er läßt das Bundesamt für Materialprüfung einige vollständige Bände der Hitler-Tagebücher testen. Schon nach drei Tagen liegt das Ergebnis vor: Einbände und Schreibpapier enthalten Materialien, die erst in den 50er Jahren hergestellt und verwendet wurden.

»Jetzt ist die Kacke am Dampfen«, läßt Henri Nannen sich vernehmen. Der *Stern* versucht, das Beste draus zu machen, und schreibt über seine Blamage eine Story:

Im Laufe seiner Recherchen stieß Heidemann auf den Stuttgarter Militaria-Händler Konrad Kujau, ein 1957 aus der DDR geflüchteter Sonderling, der schon mal gerne in SS-Uniform durch die Kneipen zog. Kujau erzählte dem Reporter, daß er über Verbindungsleute in der DDR Hitler-Tagebücher beschaffen könne, die bei Bauern in der Umgebung von Börnersdorf gefunden worden seien. Die Namen der Lieferanten dürfe er aber nicht nennen. Der leidenschaftliche Sammler von Hitler-Devotionalien Heidemann zahlt Kujau laufend Hunderttausende, damit dieser die sensationellen Funde nach und nach aufkaufen und über die DDR-Grenze schmuggeln kann. Daß Konrad Kujau »Hitlers Tagebücher« in monatelanger Fleißarbeit selbst schrieb, wußte Heidemann – angeblich – nicht.

Der Starreporter Heidemann wird vom *Stern* entlassen und der Fälscher Kujau wegen Betrugs zu einigen Jahren Gefängnis verurteilt. Wo der größte Teil der neun Millionen D-Mark geblieben ist, kann nicht geklärt werden. Der eine behauptet, sie übergeben, der andere, sie nicht erhalten zu haben.

Neben seiner journalistischen Glaubwürdigkeit ist auch das Image des liberalen *Stern* nachhaltig beschädigt. Zum einen, weil die Verantwortlichen mit einem »Immer-noch-Faszinosum« Hitler spekulierten, um damit die Auflage zu steigern, zum andern, weil der *Stern*, wie ein Reporter des Blattes sich ausdrückt, »in seiner Geilheit jegliche Distanz zu der braunen Jauche vermissen ließ«.

Gabriele Jakobi

1984
Die Volkszählung: Der Überwachungsstaat

Der Apparat, ein sogenannter Televisor oder Hörschirm, war gleichzeitig Empfangs- und Sendegerät. Jedes Geräusch, das über ein ganz leises Flüstern hinausging, wurde von ihm registriert (. . .) Es war sogar möglich, daß jeder einzelne sogar ständig überwacht wurde.«

Der englische Schriftsteller George Orwell beschreibt in seinem Roman »1984« seine Schreckensvision von einem totalitären Staat: Der »Große Bruder« – ein allgegenwärtiges Kontrollsystem – sieht, hört und weiß alles. Handlungen und Gedanken eines jeden Bürgers werden zu jeder Zeit und an jedem Ort überwacht.

1984 – genau im Orwellschen Jahr – droht die Wirklichkeit die literarische Vision einzuholen, unterstützt durch die Einführung moderner Technologie: »Heute überzieht das Bundesgebiet eine schon nicht mehr überschaubare Zahl ›Kleiner Brüder‹ in einem immer engmaschigeren Netz. Diese ›Kleinen Brüder‹ kommunizieren vielfach miteinander und tauschen Informationen aus, ohne daß wir meist je erfahren, was in dem Informationsgestrüpp mit unseren Daten geschieht«, schreibt die baden-württembergische Landesbeauftragte für Datenschutz, Ruth Leuze, 1984 in der *Zeit*.

Anlaß zur öffentlichen Diskussion über die drohenden Gefahren eines Überwachungsstaates gab die für den 27. April 1983 geplante Volkszählung: Unter einer individuellen Kenn-Nummer und mit Namen sollten die Daten der rund 61 Millionen Bundesbürger systematisch erfaßt und die Angaben zu Wohnung, Beruf, Arbeitsstätte, Lebensunterhalt und Religion in den Computern der Statistischen Landesämter eingelesen und gespeichert werden. Man brauche die aktuellen Informationen – so Bundesinnenminister Friedrich Zimmermann – für die zuständigen Meldebehörden und zur statistischen Planung. Gegner der Volkszählung wurden von Zimmermann als Verfassungsfeinde diffamiert, und Verweigerern wurde ein Bußgeld bis zu 10 000 D-Mark angedroht.

Datenschützern und vielen Bürgern wurde klar: Das Problem der Volkszählung liegt in der noch ungeklärten Frage, wie die gespeicherten Daten zukünftig verwendet werden und wer die Weitergabe kontrolliert. Werden die ge-

speicherten Informationen nämlich elektronisch miteinander verknüpft, kann – so die Befürchtung der Kritiker – von jedem Bürger sekundenschnell ein individuelles Persönlichkeitsprofil abgerufen werden. Außerdem bestehe die Gefahr, daß die Daten auf dem Weg der Amtshilfe an jede beliebige Behörde weitergereicht würden, zum Beispiel an die Polizei oder den Bundesverfassungsschutz.

Das Mißtrauen und die Angst der Volkszählungsgegner vor dem Überwachungsstaat waren mehr als berechtigt. Denn 1983 war der Bürger vor der Weitergabe seiner persönlichen Daten gesetzlich nicht geschützt.

»Meine Daten kriegt ihr nicht«, oder »Lieber ein undurchsichtiger Chaot als ein gläserner Bürger«: mit solchen Protestparolen und ungezählten Veranstaltungen riefen Aktionsgemeinschaften und Initiativen auf, die Volkszählung zu boykottieren.

Am 13. April 1983 gab das Bundesverfassungsgericht dem Antrag zweier Rechtsanwältinnen auf eine einstweilige Anordnung statt: »Die Durchführung der auf den 27. April 1983 festgesetzten Volks-, Berufs-, Wohnungs- und Arbeitsstättenzählung wird bis zur Entscheidung über die Verfassungsgerichtsbeschwerde ausgesetzt.« Am 15. Dezember lautete das Urteil der Richter: die Volkszählung ist, solange der Datenschutz nicht geregelt ist, verfassungswidrig. Denn das Grundgesetz gewähre das Recht »des einzelnen, grundsätzlich selbst über die Preisgabe und Verwendung seiner persönlichen Daten zu bestimmen«. Damit wird deutlich: Der Schutz des Bürgers vor staatlicher Sammelwut hat Verfassungsrang.

Mit diesem Urteil wurde auch die Ausgabe des neuen maschinenlesbaren Personalausweises gestoppt. 1984 – genau im Orwellschen Jahr – sollte er in der Bundesrepublik eingeführt werden. Nach Darstellung der Regierung dient der maschinenlesbare und fälschungssichere Ausweis »der inneren Sicherheit der Bundesrepublik«, Grenzkontrollen würden präzisiert und beschleunigt, und »Kriminalität und Terrorismus« könnten damit wesentlich besser bekämpft werden.

In der Tat sollte die neue EDV-Kennkarte mit der eingestanzten Seriennummer in wenigen Sekunden Auskünfte aus sämtlichen Datenbanken ermöglichen, mit denen die Sicherheitsbehörden elektronisch direkt verbunden sind. Polizei- und Grenzbeamte wären somit in der Lage, aus der Summe von Personalausweiskontrollen umfassende Bewegungsprofile von Bürgern zu erstellen. Dazu schrieb der *Spiegel:* »... daß der geplante Verbund von Computer-Ausweis und staatlichen Datenbanken Kernstück eines von Polizeistrategen und Verwaltungsexperten seit Jahren konzipierten Melde-, Fahndungs- und Überwachungssystems ist, das ohne Beispiel in der Geschichte der Menschheit (sei).«

In dem Konfliktfeld zwischen staatlichem Interesse an innerer Sicherheit und dem Recht des Bürgers auf Datenschutz wird zunehmend deutlich, daß die bisherige Gesetzeslage die Folgen der neuen Technologie auch in vielen anderen gesellschaftlichen Bereichen nicht berücksichtigt.

Immer mehr Unternehmen führen sogenannte Personalinformationssysteme ein. Doch die Datenschützer von Bund und Ländern sind dafür nicht zuständig. Allein von »Paisy«, dem in der Bundesrepublik am weitesten verbreiteten System, gibt es 1984 mehr als 500 Anlagen, die die Daten von insgesamt zwei Millionen Mitarbeitern elektronisch verwalten. Um dem Konkurrenzdruck gewachsen zu sein – so das Argument der Manager –, sei eine gezielte Personalplanung notwendig. Neben Lohn-, Gehalts- und Arbeitszeiten werden auch Verhaltens- und Leistungsmerkmale der Beschäftigten gespeichert. Zum Beispiel vergleichen Computer per Knopfdruck die Leistungsdaten oder ermitteln den Krankenstand. Zukünfig werden solche Informationen Grundlage bei Rationalisierungen und Entlassungen sein.

Auf einem Symposium zum Thema »Informationsgesellschaft und Überwachungsstaat«, das 1984 im hessischen Landtag stattfindet, sieht Hessens Datenschutzbeauftragter, Spiros Simitis, den Datenschutz »in die tiefste Krise« steuern.

Ein ganzes Bündel von Gesetzen muß neu erarbeitet werden, um den Bürger vor dem Mißbrauch seiner gespeicherten Informationen gesetzlich zu schützen.

Gabriele Jakobi

29. August 1985
Der Flick-Skandal

Drei Männer sitzen im Bonner Landgericht auf der Anklagebank. Alle drei sind es gewohnt, sich in den höchsten politischen Kreise zu bewegen. Sie sind einflußreiche Persönlichkeiten. Aber sind sie auch ehrenwert?

Die VII. Große Strafkammer des Bonner Landgerichts ist jetzt der Schauplatz eines Skandals, der die bundesdeutsche Öffentlichkeit am demokratischen Parteiensystem zweifeln ließ. Die Richter sind dabei vor eine Aufgabe gestellt, die bisher noch kein Gericht in der Bundesrepublik lösen mußte.

Die drei Angeklagten sind dementsprechend zuversichtlich. Sie müssen sich zwei Hauptvorwürfen stellen: Bestechung und Bestechlichkeit sowie Steuerhinterziehung. Die Staatsanwaltschaft will nachweisen, daß sich einer der Angeklagten, Eberhard von Brauchitsch (Foto), über Jahre hinweg mit beträchtlichen Summen Politiker verpflichtet hat. Und daß die beiden ehemaligen Bundeswirtschaftsminister und jetzigen Mitangeklagten, Otto Graf Lambsdorff und Hans Friderichs, jene waren, die von Brauchitsch bestochen wurden. Dabei sollen Gelder in erheblicher Höhe am Fiskus vorbeigeflossen sein.

Zu Beginn des Prozesses gibt der Vorsitzende Richter zunächst bekannt, daß während des Verhandlungstages alle sitzen bleiben dürfen; ihm genüge es, wenn die Anwesenden lediglich einmal zu Beginn aufstehen. Im Gegenzug dazu bestreiten die sieben Verteidiger der Angeklagten erst einmal die Zuständigkeit des Gerichts und lehnen die bestellten Schöffen wegen Voreingenommenheit ab.

Aus Sicht der Angeklagten, soviel war schon vor Prozeßbeginn deutlich, wäre eigentlich kein Gericht zuständig, da ja nichts vorliege, was zu verurteilen sei. Aus anderer Sicht aber stellt sich die Frage, weshalb nur diese drei Männer und nicht alle, die in diese Affäre verwickelt sind, vor Gericht gestellt werden? Und die Liste derer ist lang. In einem über Jahrzehnte andauernden Filz hatten Mandatsträger aller Parteien, bis auf die der Grünen, vom Flick-Konzern Geld angenommen. Insgesamt sollen etwa 25 Millionen D-Mark von Flick an Politiker wie Gerhard Stoltenberg (CDU), Ernst Albrecht (CDU), Jürgen Möllemann (FDP), Franz Josef Strauß (CDU), Alfred Dregger (CDU), Hans-Dietrich Genscher (FDP), Hans Nau

(SPD) und Egon Bahr (SPD) gezahlt worden sein.

Das riesige, verzweigte Unternehmen pflegte schon in den Gründungsjahren der Bundesrepublik Kontakte zur Regierung. Nachdem Eberhard von Brauchitsch Anfang der 70er Jahre als Gesellschafter mit persönlicher Haftung an die Spitze der Konzernleitung trat, führte er die »Usancen des Unternehmens« weiter. Stets in bar erhielten vor allem führende Unionspolitiker Parteispenden. Von Brauchitsch bezeichnet dies als »politische Landschaftspflege«. Die »Pflegebedürftigkeit« ergab sich unter anderem aus dem Wunsch der Unternehmensleitung, einen Milliardenbetrag, der durch den Verkauf von Daimler-Benz-Aktien erzielt worden war, nicht versteuern zu müssen. Durch von Brauchitschs Spenden an den damaligen Wirtschaftsminister Otto Graf Lambsdorff – so der Verdacht – soll die Angelegenheit im Sinne des Konzerns entschieden worden sein.

Keineswegs bestehe jedoch ein solcher – offensichtlicher – Zusammenhang, wie die Verteidigung später betont. Hier liegt die Crux für die Staatsanwälte und Richter: Bei Durchsuchungen der Firmen- und Privaträume des Flick-Managers von Brauchitsch sind eindeutige Belege für die Geldzahlungen gefunden worden. Belegbar ist dabei auch, daß die meisten Summen nicht versteuert wurden. Der Tatbestand der Korruption oder auch nur der Vorteilsnahme ist jedoch letztlich nicht zu beweisen.

Die gelassene Siegermiene des Eberhard von Brauchitsch bei seinem Auftritt vor dem parlamentarischen Untersuchungsausschuß zum Flick-Skandal zeugt von dem Wissen, daß die anrüchigen Vorgänge kam justiziabel sind. Dabei zeigen die Enthüllungen, daß von Brauchitsch mehr war als nur ein wohlwollender Geldgeber. Seine adlige Herkunft, seine steile Karriere, sein selbstbewußtes Auftreten und nicht zuletzt viel Geld verschafften ihm Einfluß und Geltung in höchsten Regierungskreisen. Diese Kreise wollen davon aber jetzt nichts mehr wissen. Selbst der Mann, der dem Prozeß unfreiwillig seinen Namen gab, Friedrich Karl Flick, war nicht oder falsch informiert und kann letztlich kaum verwertbare Aussagen machen.

Die Mitglieder des parlamentarischen Untersuchungsausschusses erhalten daher einen tiefen Einblick in die Gedächtnislücken führender Politiker. Auch von Brauchitschs Duzfreund, Bundeskanzler Helmut Kohl, erinnert sich an so gut wie nichts. Dennoch wurden in den genau geführten Flick-Büchern, mit dem berühmt gewordenen Kürzel »wg.«, Zahlungen in Höhe von 665 000 D-Mark »wg. Kohl« verzeichnet.

Doch nicht deswegen sah sich Kohl ein Jahr zuvor, im Oktober 1984, in einer unangenehmen Situation. Viel mehr Kopfzerbrechen mußte ihm die Affäre um den damaligen Bundestagspräsidenten Rainer Barzel gemacht haben. Barzel sah jedoch keinen Zusammenhang zwischen den 1,7 Millionen D-Mark, die er ab 1973 über einen befreundeten Anwalt vom Flick-Konzern jährlich erhalten hatte, und dem Vorwurf der Korruption. Von anderer Seite – und darauf deuten interne Flick-Notizen hin – wurde jedoch behauptet, mit diesem Geld sei Barzel davon »überzeugt« worden, den Weg zum Parteivorsitz für Kohl freizumachen.

Erst als Barzel vor dem Untersuchungsausschuß in einer peinlichen Anhörung die Fragwürdigkeit der Geldzahlungen bestätigte, trat er 1984 von seinem Amt als Bundestagspräsident zurück, und Kohl konnte in dieser Angelegenheit aufatmen.

Der Versuch, durch eine Art Generalamnestie Straffreiheit für die Beteiligten der Schmiergeldaffäre durchzusetzen, war gescheitert. An dem kollektiven Mangel an Unrechtsbewußtsein der Beteiligten aber änderte sich nichts.

Während die Öffentlichkeit sich bei Bekanntwerden des Parteispendenskandals zunächst an Zustände einer »Bananenrepublik« erinnert fühlte und umfassende Klärung forderte, hat sich zu Beginn des Prozesses die Aufregung und Empörung schon wieder gelegt.

Das Bonner Landesgericht spricht von Brauchitsch, Lambsdorff und Friderichs vom Vorwurf der Bestechlichkeit frei, verurteilt sie aber zu Geldstrafen wg. Steuerdelikten.

Gabriele Jakobi

18. September 1986
Die Neue Heimat wird verkauft

Über Nacht ist sein Name plötzlich im ganzen Land bekannt. Selbst in seiner Heimatstadt Berlin wissen bisher nur wenige, wer er eigentlich ist, dieser Horst Schiesser. Ungläubiges Staunen macht sich breit, als berichtet wird, daß ein Unternehmer von eher mittlerem Format der größte Immobilienbesitzer Europas geworden sein soll. Aber den Kaufpreis wird er wohl aufbringen können – eine ganze Deutsche Mark.
Das Kaufobjekt, der riesige Wohnungs-

baukonzern Neue Heimat – soviel verrät bereits dieser lediglich symbolische Kaufpreis –, ist vor allem mit enormen Schulden belastet.

Der gewerkschaftseigene Immobilienkoloß, der als Verwirklichung gemeinwirtschaftlicher Prinzipien den weniger gut Verdienenden angemessenen und bezahlbaren Wohnraum ermöglichen sollte, hatte sich durch jahrelanges Mißmanagement ins wirtschaftliche Aus manövriert. Die Neue Heimat ist mit rund 17 Milliarden D-Mark hoffnungslos überschuldet. Die Gewerkschaften weigern sich, weitere Milliarden bereitzustellen. Außerdem sorgen seit 1982 Veröffentlichungen über die Machenschaften der Konzernleitung unter Albert Vietor für höchst unerfreuliche Publicity. Es ist allen klar, daß dieser Konzern nicht mehr zu retten ist. Nur Horst Schiesser, Besitzer einer Großbäckerei, meint mit den Schwierigkeiten fertig werden zu können. Angesichts dieses Verkaufs muß die Führungsspitze des Deutschen Gewerkschaftsbundes bald heftige Kritik einstecken. Wie soll denn ein Privatmann, so wird gesagt, mit relativ geringen finanziellen Ressourcen den Konkurs der Neuen Heimat abwenden, wenn schon die reichen Gewerkschaften davor kapituliert haben? Werden hier nicht nach bester Kapitalistenmanier Wohnungen verschachert – ohne Rücksicht auf die Mieter?

Diesen und anderen unangenehmen Fragen muß sich der Vorsitzende des DGB, Ernst Breit, stellen. Es sei besser gewesen zu verkaufen, als Konkurs anzumelden, so wird Breit bald darauf den Handel rechtfertigen. So hätte man den Käufer in die Pflicht nehmen können, mit den erworbenen Immobilien nicht zu spekulieren, und das sei zum Wohle der Mieter.

Wohl ist den Mietern der Neuen Heimat in Anbetracht des Verkaufs keineswegs. Immerhin wähnten sie sich bei einer gemeinwirtschaftlichen Wohnungsbaugesellschaft sicher vor Mietwucher und spekulationsmotivierten Kündigungen. Wie lange nun der neue Besitzer sich tatsächlich an die Sozialbindung für die Wohnungen halten wird, ist mehr als ungewiß.

Zunächst gilt es, die Gläubigerbanken zum Stillhalten zu bewegen. Doch die ziehen Erkundigungen über Horst Schiesser ein und stellen fest, daß dieser mitnichten für einen Kredit in Höhe von siebzehn Milliarden D-Mark gut ist, und schalten auf stur. Auch die verschiedenen Landesregierungen, die um Hilfe angegangen werden, sind nicht geneigt, die Finanzierung des maroden Konzerns zu unterstützen. Außerdem stehen im kommenden Januar Bundestagswahlen an, und kein Politiker möchte sich in dieses äußerst fragwürdige Geschäft hineinziehen lassen.

Besonders schwer hat es dabei der Kanzlerkandidat der SPD, Johannes Rau. Die bereits eingeleiteten Verhandlungen zur Übernahme der nordrhein-westfälischen NH-Wohnungen werden rasch auf Eis gelegt. Der anvisierte Kaufpreis von zwei Milliarden D-Mark für die rund 43 000 Wohnungen erscheint nun als viel zu hoch.

Die CDU-FDP-Regierungskoalition läßt sich die Gelegenheit, mit dem Neue-

Heimat-Debakel die SPD und ihren roten Filz scharf zu attackieren, nicht entgehen. So müssen sich die Gewerkschaften von den SPD-Genossen auch noch Wahlhilfe für den politischen Gegner vorwerfen lassen. Auch in den Gewerkschaften selbst stößt der Verkauf auf vehemente Ablehnung. Eigenmächtigkeit, Unfähigkeit, Verstoß gegen das gewerkschaftliche Prinzip der Mitbestimmung lauten hier die Vorwürfe.

Als aber nicht nur die Angriffe der beiden Regierungsparteien immer stärker werden, sondern sich auch noch ein parlamentarischer Untersuchungsausschuß mit den Vorgängen beschäftigen will, sehen sich viele, trotz ihrer eigenen Kritik gegenüber den Verantwortlichen, zur Solidarität verpflichtet.

Tatsächlich ist es mehr als ungewöhnlich, daß die regierenden Parteien die Einsetzung eines Untersuchungsausschusses betreiben. Die Opposition bezeichnet daher den Ausschuß als gezielte Wahlkampfkampagne und als Versuch, Gewerkschaftsinterna auszuspähen. Und zu sehen gibt es da wirklich eine Menge. (Foto: Die Aktenordner zum Fall Neue Heimat stehen ordentlich aufgereiht in einem Saal des Bundeshauses auf dem Fußboden).

Doch nicht die Aktenflut, sondern die Verhaftung des Hauptverantwortlichen Alfons Lappas, Chef der Beteiligungsgesellschaft für Gemeinwirtschaft (BGAG), sorgt für Schlagzeilen. Da er sich weigert, vor dem Untersuchungsausschuß auszusagen, wird er während einer Gewerkschaftstagung der IG-Metall in Beugehaft genommen. Die Genossen bereiten ihm dabei – wenn auch mit vernehmbarem Zähneknirschen – einen solidarischen Abgang. Gar nicht oft genug kann Lappas, dem eklatantes Fehlverhalten vorzuwerfen ist, den Genossen die Geste mit dem nach oben gereckten Daumen vorführen. Dabei ist er wegen seines unkollegialen Führungsstils und wegen seiner großspurigen Attitüden mehr als umstritten. Doch der Zwang zur gewerkschaftlichen Solidarität läßt ihn – wenn auch nur kurz – zum Märtyrer der Arbeiterbewegung werden.

Nur wenige Wochen nach Bekanntwerden des Großhandels ist der Traum der BGAG, von einem beschwerlichen Klotz endlich befreit worden zu sein, bereits ausgeträumt. Schiesser ist mit seinen Möglichkeiten am Ende. Um einen Konkurs der Wohnungsbaugesellschaft zu verhindern, muß der DGB die Neue Heimat zurückkaufen. Das bringt Hohn und Spott und ist außerdem sehr kostspielig. Die Gewerkschaften müssen im Laufe der nächsten Jahre noch etliche Milliarden zubuttern, bis die Neue Heimat schließlich liquidiert ist. Zu diesem finanziellen Schaden gesellt sich der erhebliche Vertrauensverlust vieler Gewerkschaftsmitglieder in die Arbeiterorganisationen. Hatte doch ein gemeinnütziges Unternehmen mehr eigennützig denn nützlich gehandelt.

Für den Bäckermeister Horst Schiesser bleibt der Traum vom Großgrundbesitzerdasein weit weniger folgenreich: Er erhält 14 Millionen Mark als Aufwandsentschädigung für die Rückgabe der Neuen Heimat.

Gabriele Jakobi

18. September 1987
Uwe Barschels Ehrenwort

Hand aufs Herz – ich bin unschuldig: Geste und Mimik des Dr. Dr. Uwe Barschel wirken beeindruckend. Doch die Pose des Ministerpräsidenten ist eine Lüge.

Am 13. September wählen die schleswig-holsteinischen Bürger ihren zukünftigen Ministerpräsidenten. Zwischen Uwe Barschel, CDU und Björn Engholm, dem Spitzenkandidaten der SPD, besteht nach Meinungsumfragen ein Kopf-an-Kopf-Rennen. Barschel glaubt, seine politische Macht sei durch Engholms Popularität bedroht.

Der Ministerpräsident beschließt, die Beliebtheit des Oppositionsführers zu untergraben, die Integrität Engholms in aller Öffentlichkeit zu vernichten. Doch Barschels Aktion wird nicht nur ein katastrophaler Mißerfolg, sie endet sogar in einem der größten Politskandale der Bundesrepublik mit tragischen Folgen.

Nachdem der CDU schon gerichtlich verboten wurde, zu behaupten, die SPD strebe nach einem Wahlsieg Straffreiheit für Sex mit Kindern ab 14 Jahren an, deckt *Der Spiegel*, genau eine Woche vor der Wahl, die schmutzigen Tricks der schleswig-holsteinischen CDU auf. In der Ausgabe vom 7. September erhärtet das Magazin eine bisherige Vermutung, daß Anfang des Jahres von seiten der Christdemokraten zwei kriminelle Aktionen gegen Engholm lanciert worden sind.

Erstens: Ein anonymer Absender hatte gegen Engholm Strafanzeige wegen Steuerhinterziehung erstattet und illegal beschaffte Details aus den Steuerakten des SPD-Politikers beigefügt. Zweitens: Engholm war von zwei Detektiven beschattet worden, die vor allem über sein angeblich ausschweifendes Sexualleben spionieren sollten. Die CDU bestreitet jede Verbindung zu diesen Aktionen – die in der Sache nichts Verwertbares gegen Engholm erbracht hatten. Barschel: »Sollte es zutreffen, daß Herr Engholm überwacht worden ist, so verurteilt die CDU dies entschieden.«

Schon glaubt der Ministerpräsident die »Verleumdungen« des Nachrichtenmagazins überstanden zu haben, da platzt die Bombe noch am Samstag vor der Wahl: Barschel habe – so steht es später in der Zeitung *Die Welt* – bei einem entspannten »Klönschnack« mit Pressevertretern erfahren, daß *Der Spiegel* am kommenden Montag seine Machenschaften veröffentlichen werde. Uwe

Barschel – so *Die Welt* – sei zunächst »bleich wie Hamlets Geist« gewesen, dann habe er plötzlich mit wiedergewonnener Vehemenz gesagt: »Alles erstunken und erlogen!«

»Watergate in Kiel – Barschels schmutzige Tricks«, lautet am 14. September die Titelschlagzeile des *Spiegel*. In dem Artikel ist zu lesen, was ein gewisser Reiner Pfeiffer vor einem Hamburger Notar eidesstattlich zu Protokoll gegeben hat: »Uwe Barschel beauftragte mich, die Steuererklärungen von Björn Engholm überprüfen zu lassen.« Dann habe ihm Barschel »in seinem Amtszimmer den Textentwurf für eine anonyme Anzeige gegen Engholm bei der Steuerfahndungsstelle (...) diktiert«. Weiter habe Barschel ihn beauftragt, »eine Agentur ausfindig zu machen, die Engholm gezielt beschatten könnte«. Zudem habe der Ministerpräsident ihn dazu veranlaßt, eine Wanze zu besorgen, um sie in sein Telefon einzubauen. Fänden Sicherheitsbeamte eine solche Wanze in Barschels Apparat, könne man die Abhöraktion Engholm anhängen.

Was Uwe Barschel »wie Hamlets Geist erbleichen ließ«, war nicht allein die Anschuldigung, er persönlich habe die kriminellen Manipulationen gegen Engholm veranlaßt, sondern die Person, die da ausgepackt hat: sein Pressereferent Reiner Pfeiffer, der in dem Ruf steht, mit »dirty tricks« gegen Sozialdemokraten nicht zimperlich zu sein. Und er, Uwe Barschel, hatte Pfeiffer eigens für den Wahlkampf eingestellt.

Die schleswig-holsteinische Landtagswahl am 13. September endet mit einem Patt. Obwohl die SPD Stimmen gewonnen hat, kann sie gegen CDU und FDP keine Regierung bilden. Im Zentrum des öffentlichen Interesses steht derzeit aber eine ganz andere Frage: Hat der CDU-Pressemann tatsächlich die Wahrheit gesagt, oder ist alles »erstunken und erlogen«?

Am 18. September geht Uwe Barschel in die Offensive und beruft eine Pressekonferenz ein: Er sei das unschuldige Opfer einer Intrige geworden und versichere hiermit an Eides Statt, alle Behauptungen seines Medienreferenten Pfeiffer seien unwahr. Seine mehr als einstündigen Ausführungen schließt er mit den Worten: »Meine Damen und Herren, über die eidesstattlichen Versicherungen hinaus gebe ich Ihnen, gebe ich den Bürgerinnen und Bürgern des Landes Schleswig-Holstein und der gesamten deutschen Öffentlichkeit mein Ehrenwort – ich wiederhole: Ich gebe Ihnen mein Ehrenwort, daß die gegen mich erhobenen Vorwürfe haltlos sind.« Trotz starker Worte, Geste und Mimik überzeugt Barschel kaum jemanden.

Neben weiteren entlarvenden Berichten des *Spiegel* ergeben auch die Ermittlungen der Kieler Staatsanwaltschaft, daß der christdemokratische Politiker gelogen hat. Immer mehr Parteifreunde wenden sich von ihm ab. Am 25. September tritt Uwe Barschel als Ministerpräsident zurück.

Aus der Befragung des Untersuchungsausschusses, den der Landtag im Oktober des Jahres einberufen hat, gehen auch die SPD und Engholm selbst nicht unbeschadet hervor. Der SPD-Pressesprecher Gerd Nilius muß zugeben, sich Mitte Juli mit Pfeiffer getroffen zu haben. Die SPD-Genossen mußten also schon drei Monate vor der Landtagswahl von dem Barschel-Pfeiffer-Komplott gewußt haben. Warum hielten die Genossen still?

Der ehemalige Ministerpräsident Schleswig-Holsteins wird vor dem Untersuchungsausschuß nicht mehr aussagen. Am 11. Oktober finden ihn *Stern*-Reporter in einem Genfer Hotel tot in der Badewanne. Mord oder Selbstmord?

Es dauert Jahre, bis die umfangreichen Ermittlungen abgeschlossen werden können. Danach weisen alle Indizien darauf hin, daß Uwe Barschel seinen Selbstmord als Mord inszenierte.

Gabriele Jakobi

16. August 1988
Das Gladbecker Geiseldrama

Tätowierte Arme, enganliegendes T-Shirt, lange, verklebte Haare, den Lauf einer Pistole im Mund und Sprüche wie »Ich scheiß' auf mein Leben« – der Desperado, der sich da vor den Fernsehkameras in Szene setzt, ist kein Krimidarsteller: Der Typ ist echt, die Waffe ist geladen, und er meint es ernst. Für die Reporter die Story ihres Lebens. Ein echter Knaller. Am Ende dieser »Traum-Story« zählt man drei Tote. Auch die sind echt.

Hans-Jürgen Rösner und Dieter Degowski, beide mit Knasterfahrung, haben sich eine kleine Filiale der Deutschen Bank in Gladbeck ausgesucht. Am 16. August um 8.00 Uhr fangen sie den Kassierer und eine Angestellte ab, um sich den Tresor öffnen zu lassen. Passanten benachrichtigen die Polizei, die mit Hubschraubern und Blaulicht anrückt, um die Bank zu belagern. Nach Ansicht von Kriminalpsychologen ein gravierender Fehler: Um zu entkommen, bleibt den beiden Gangstern nur noch die Geiselnahme.

Die Belagerung dauert bis in den späten Abend, mit dem Ergebnis, daß die Polizei die Forderungen der Gangster erfüllt: 300 000 Mark und ein bereitgestelltes Fluchtauto. Mit den zwei Angestellten als Geiseln rasen Degowski und Rösner durch Gladbeck und quer durchs Ruhrgebiet, ohne daß es ihnen gelingt, die zivilen Polizeifahrzeuge abzuhängen. Dann fahren sie durch Niedersachsen nach Bremen und verursachen damit ein Kompetenzwirrwarr unter den zuständigen Polizeien mit einem für den weiteren Verlauf fatalen Ergebnis.

In die Kommunikationslücke zwischen Gangstern und Polizei stoßen Gaffer, Presse- und Fernsehleute. Völlig ungehindert klebt bald ein ganzer Troß von Journalisten, Kameramännern und Fotografen am Geschehen. Sie alle finden in den beiden Kidnappern willige Mitarbeiter. »Ich will nur noch durch die Medien sprechen«, tönt Rösner und baut sich wie ein Bilderbuchgangster vor den Kameras auf. Die Reporter, die sonst gewohnt sind zu beobachten, werden zu Handelnden, die den Verlauf der Story beeinflussen.

In Bremen erreicht das Gladbecker »Drama« den nächsten dramaturgischen Höhepunkt: Die Gangster kapern einen Linienbus mit 30 Insassen und stellen neue Forderungen. Die Journalisten, die unmittelbar dabei sind, übernehmen jetzt die Mittlerrolle nach außen. (Foto: Rösner mit Pistole in Bremen). Im Bus, so ein Bericht, herrsche eine Stimmung »fast wie beim Betriebsausflug«. Reporter und Fotografen steigen ein und aus, und Rösner gibt dem Fernsehmann Günter Ollendorf von Radio Bremen ein spektakuläres Interview. Sender und Zeitungen reißen sich um die Worte eines Verbrechers.

Der Bus fährt mit den Geiseln in Richtung Hamburg davon – gefolgt von zivilen Polizeifahrzeugen und mehr als 20 Reporterwagen. Bei der Verfolgung rast ein VW-Bus der Polizei in einen LKW. Der 31jährige Beamte Ingo Hagen ist tot. Das erste Opfer des Dramas.

An der Raststätte Grundbergsee machen die Kidnapper einen Zwischenstopp, um sich mit Proviant einzudecken. Die beiden Gladbecker Bankangestellten sind mit den Nerven am Ende und werden gegen zwei Journalisten ausgetauscht, die sich freiwillig zur Verfügung stellen, um hautnah mit dabei zu sein.

Endlich, die Stammtischstrategen vor den Bildschirmen hatten sich schon angesichts der Bremer »Pressekonferenzen« gefragt, wo denn die Scharfschützen bleiben, tritt die Polizei in Aktion: Auf dem Weg zur Toilette wird Rösners Komplizin Marion Löblich, die sich in Bremen angeschlossen hatte, überwältigt und festgenommen. Daraufhin hält Rösner einem Kind die Pistole an den Kopf. Die beiden Journalisten im Bus bitten die Polizei dringend, Löblich sofort wieder freizulassen. Während die Beamten sich noch abstimmen, dreht Degowski durch und erschießt den 15jäh-

rigen Italiener Emanuele de Giorgi. Die Polizei bittet die beiden Reporter im Bus, den Jungen doch herauszutragen. Er lebt noch. Draußen findet sich kein Arzt, aber eine Menge Journalisten. Ihre Kameras bekommen einen sterbenden Menschen vor die Linse. Ergebnis des unsinnigen Polizeieingriffs: eine Geisel ist tot.

Die Kolonne setzt die Fahrt fort und erreicht mitten in der Nacht zum 18. August die holländische Grenze, an der die Reporter zurückbleiben müssen. In den Medien macht das Drama eine kurze Pause, in der Realität geht es weiter. Die niederländische Polizei stellt den Gangstern ein Fluchtauto gegen den Austausch der meisten Geiseln zur Verfügung. Zwei junge Frauen behalten die Verbrecher jedoch in ihrer Gewalt: Ines Voitle (18) und Silke Bischoff (18).

Es scheint, als vermißten die Kidnapper im fremden Holland den Medienpulk im Schlepptau, denn die Fahrt geht zurück nach Köln mitten in die Innenstadt, in die Fußgängerzone. Rösner, inzwischen ein bekannter Mann, wird schnell von den Einkaufenden erkannt und hat seinen größten Auftritt. Während er sich medienwirksam mit der Waffe fuchtelnd in Pose stellt, hält Degowski Silke Bischoff die Pistole an die Schläfe. Alsbald ist das Auto von neugierigen Passanten und Medienleuten umringt: Eine vom Tod bedrohte Geisel kann von einem erlebnisgeilen Publikum aus nächster Nähe begafft werden.

Bevor die Polizei überhaupt einen Plan für den Zugriff hat, fährt das Fluchtauto mit dem Pressepulk aus der Innenstadt davon. Mit im Gangsterwagen sitzt Udo Röbel vom Kölner Boulevardblatt *Express*. Er lotst die Verbrecher zur Frankfurter Autobahn. An einer Raststätte läßt er sich absetzen, denn schließlich muß die Story nicht nur erlebt, sondern auch geschrieben werden.

Nachdem der Plausch zwischen Kidnappern und Passanten in der Kölner Fußgängerzone live auf Millionen Bildschirmen zu sehen war, ist die Blamage der Polizei perfekt. »Jetzt reicht's«, »Abknallen«, »Wegpusten«; das Publikum verlangt nach dem Finale. Nahe dem rheinischen Siegburg schlägt das SEK zu. Zum ersten Mal wurden die Reporter durch Sperrung der Autobahn vom Geschehen ferngehalten. Der Fluchtwagen wird gerammt. Im Kugelhagel werden Rösner und Degowski schwer verletzt. Ines Voitle überlebt mit einem Schuß in den Rücken, und Silke Bischoff wird von Degowski erschossen. Die Gangster-Story, die von Mittwoch morgen bis Freitag nachmittag andauerte, hat kein Happy-End.

Volkes Stimme bebt. Polizei und konservative Politiker sind ganz Ohr. Innenminister Schäuble läßt einen Gesetzentwurf zur bundesweiten Einführung des »finalen Rettungsschusses« ausarbeiten, und in einem Untersuchungsausschuß soll das Vorgehen der Polizei geklärt werden. In Talk-Shows diskutieren Medienvertreter über journalistische Moral und Informationspflicht. Gegen einige von ihnen wird ein Ermittlungsverfahren wegen Behinderung der Polizei und Teilnahme an einer strafbaren Handlung eingeleitet.

Gabriele Jakobi

9. November 1989
Der Mauerfall

Der Mauerfall – für viele beginnt von da an eine neue Zeitrechnung. Fast jeder kann sich an die Nacht vom 9. November 1989 erinnern. Und fast allen hatte es den Atem verschlagen, auch wenn sie nur mit Tränen in den Augen vor dem Fernseher saßen, angesichts des Wunders, das da in Berlin geschah.
Was sich im Laufe des Abends aus den verschiedenen Nachrichtensendungen rekonstruieren läßt, ist kaum zu fassen. An den Grenzübergängen in Berlin, an der Bornholmer- und Invalidenstraße sammeln sich jubelnde Menschen, trinken Sekt und prosten in die Kameras; Wildfremde fallen sich in die Arme. »Wahnsinn!« ist das magische Wort, das aus aller Munde zu vernehmen ist. Eine Schlange von Trabbis versucht durch die Menschenmassen in den Westen zu gelangen. Berliner aus dem Westteil strömen denen aus dem Osten entgegen und heißen sie willkommen. Manche haben Blumen mitgebracht. Nicht nur die Fotografen steigen auf alles, was einen Überblick über die unglaubliche Szene verspricht – Schranken, Kisten, Grenzanlagen. Freudengesänge werden angestimmt und jubelnd dazu getanzt.
Neue Fragen kommen schnell auf: Was bedeutet es, wenn es keine Mauer mehr gibt? Kommen noch mehr Ostdeutsche aus der DDR in den Westen? Wo sollen all die Menschen hin? Turnhallen waren schon zu Notunterkünften für die Geflüchteten eingerichtet worden. Sogar Atombunker, von denen kaum jemand vorher etwas wußte, waren geöffnet worden, um die vielen Flüchtlinge, die in den letzten Monaten aus der DDR gekommen waren, zu beherbergen. Tausende von ihnen hatten die westdeutschen Botschaften in Ostberlin, Budapest, Prag und Warschau besetzt, um so den Weg in den Westen zu erzwingen. Nachdem Ungarn seine Grenzen am 11. September geöffnet hatte, waren ganze Familien statt in die Ferien über Österreich in die Freiheit gefahren. Allein am Wochenende vom 4. und 5. November sollen es 23 200 gewesen sein; man sprach von mehr als 225 000 Übersiedlern. Wie konnte das gutgehen? Wie sollte die DDR den Verlust all dieser Menschen überstehen? In manchen Regionen gab es keine Ärzte und Techniker mehr. Würden die Menschen nun, wenn die Mauer offen war, zurück in ihre Heimat ziehen?
Im Sommer 1989 hatte die Bürger-

rechtsbewegung mit ihren Demonstrationen in den großen und kleinen Städten der DDR eine Lawine ins Rutschen gebracht. Im Westen konnte man sich nicht vorstellen, daß die Bewegung aus den Kirchen und Wohnzimmern über die Straße das Regime ins Wanken bringen würde. Nach dem Betrug bei der Kommunalwahl im Mai waren die DDR-Bürger mutig und selbstsicher für ihre Rechte und die Freiheit eingetreten. Aus der Sowjetunion hatte Gorbatschow mit seiner Politik von *Glasnost* (Offenheit) und *Perestroika* (Umgestaltung) seinen Teil dazu beigetragen. Sein Spruch »Wer zu spät kommt, den bestraft das Leben«, den er im Beisein Erich Honeckers zum 40. Geburtstag der DDR Anfang Oktober geäußert hatte, war schon zum geflügelten Wort geworden.

Am 17. Oktober war Erich Honecker aus all seinen Ämtern gejagt worden; keiner seiner Paladine hielt an ihm fest. Alte Genossen wie Günter Mittag und Erich Mielke sollen wie Hyänen über ihn hergefallen sein. Sie selbst verschwanden am 8. November mit dem Rest des gesamten Politbüros. Egon Krenz wurde zum Generalsekretär des ZK gewählt. Er war das, was man später einen Wendehals nannte. Krenz sprach sich für eine bessere Zusammenarbeit mit der Bundesrepublik Deutschland aus. An-

gesichts der Schulden, die die DDR nun offenbarte, war diese Absicht sehr gut zu verstehen.
Aber was ist genau an diesem Abend passiert? Günter Schabowski, der neue Sekretär des ZK für Öffentlichkeit, bedauert in einer Pressekonferenz die Ausreise von mehr als 50 000 DDR-Bürgern über die Nachbarstaaten, kündigt eine Entscheidung an. Am Ende seiner Rede, um 18.57 Uhr, gibt er folgendes bekannt: ». . . haben wir uns entschlossen, heute eine Regelung zu treffen, die es jedem Bürger der DDR möglich macht, über die Grenzübergänge der DDR auszureisen.« Journalisten fragen nach: »Ab sofort?«, »Mit Visum oder Paß?« Um korrekt darauf zu antworten, sucht der Pressesprecher der SED in seinen Papieren nach dem entsprechenden Schreiben. Dann fischt er etwas aus seinen Unterlagen und liest vor: »Genehmigungen für Reisen werden kurzfristig erteilt und nur in besonderen Ausnahmefällen verweigert. Unverzüglich können Personen, die die DDR verlassen wollen, Visa für ständige Ausreisen bekommen. Reisen und ständige Ausreisen können über alle Grenzübergänge erfolgen. Diese Regelung gilt mit sofortiger Wirkung bis zum Inkrafttreten eines neuen Reisegesetzes.« Vollkommen ungerührt und ohne Aufregung legt er das Papier weg, als ahne er nicht, welche Lawine er damit losgetreten hat.
Schabowski weiß nicht, daß weder der Ministerrat den Entwurf des neuen Reisegesetzes beschlossen noch daß die Grenztruppen Anweisungen erhalten hatten. So erfahren alle davon aus dem Fernsehen und nehmen sich einfach die neue Freiheit.
Die Soldaten sind von dem Ansturm an den Grenzübergängen vollkommen überrascht. Sie wissen nicht, wie sie reagieren sollen; kein Vorgesetzter ist telefonisch zu erreichen. Die ersten Passanten steigen auf die Mauer, die hell von Fernsehscheinwerfern ausgeleuchtet ist, andere lassen sich hochziehen, schreien und jubeln: »Die Mauer muß weg! Die Mauer muß weg!« Um 23.30 Uhr geben die Grenztruppen nach: »Wir fluten jetzt!« heißt es, und der Schlagbaum an der Bornholmer Brücke wird geöffnet (Foto). Alle, egal, ob aus dem Westen oder Osten, kommen jetzt durch. Viele haben es in ihrem Freudentaumel gar nicht richtig begriffen: Die Mauer ist offen.
So führt dieser kleine Informationsunfall dazu, daß in der Nacht vom 9. November 1989 der Eiserne Vorhang fällt und mit ihr gleich der ganze »real existierende Sozialismus« dahinter. In den folgenden Tagen und Wochen findet ein Dauerfest auf und an der Mauer und den umliegenden Straßen statt. In Ost-Berlin legen ganze Betriebe ihre Arbeit nieder und machen einen Ausflug an die Staatsgrenze. Mit Hammer und Meißel werden viele zu »Mauerspechten«. Ohne ein Stück vom antifaschistischen Schutzwall darf man in dieser Zeit aus Berlin nicht zurückkommen. Auf dem Kurfürstendamm stehen Trabbis und Ladas in langen Staus, und der Gestank des Zweitaktergemischs macht den Berlinern sehr schnell klar, daß sich für sie vieles ändern wird. Kaufhäuser und Läden sind überfüllt mit DDR-Bürgern,

die das Begrüßungsgeld in lang begehrte Westgüter umsetzen. Die Bahnhöfe werden zu Schlafsälen für die Menschen, die sich nicht entscheiden können, wo sie hingehören wollen.
Nachdem die Tränen der Rührung getrocknet sind, wird langsam klar, daß das alte Westdeutschland, diese Insel der Seligen, ausgestattet mit Sicherheit, Wohlstand und unter dem Schutz der Westmächte, mit der Mauer untergegangen ist.

Johanna Schenkel

3. Oktober 1990
Die Wiedervereinigung

Auf den Demonstrationen der Bürger in der DDR hatte sich die selbstbewußte Parole »Wir sind das Volk!« zu »Wir sind ein Volk!« und am Ende zu »Deutschland einig Vaterland!« gewandelt. Das war die Dynamik der Wiedervereinigung, die Bundeskanzler Helmut Kohl geschickt zu nutzen wußte. Das wirtschaftliche Gefälle zwischen der Bundesrepublik und der DDR war so groß, daß ein Ausgleich nur über eine Wiedervereinigung zu erreichen war.

Die Siegermächte des Zweiten Weltkrieges Frankreich, England und die Sowjetunion hatten zunächst kein Interesse an einem geeinten Deutschland; allein die Amerikaner äußerten keine Einwände. Nicht einmal in der Bundesrepublik ließ sich eine eindeutige Zustimmung zur Vereinigung feststellen. Aber schon wenige Tage nach dem Mauerfall, am 28. November 1989, hatte Helmut Kohl im Bundestag mit einem 10-Punkte-Programm für eine Föderation beider deutscher Staaten die westlichen Verbündeten unter Zugzwang gesetzt. Dieses Konzept gab den Ausschlag für den Wahlsieg der CDU im Osten.

Am 10. Februar 1990 begannen in Moskau die Verhandlungen von Kanzler Kohl und Außenminister Genscher über die angestrebte Wiedervereinigung. Als Gegenleistung für die Zustimmung wurden Wirtschaftshilfen für den Umbau der Sowjetunion versprochen. Oppositionsführer Oskar Lafontaine, dem Kanzlerkandidaten der SPD, blieb nur die Rolle des Mahners, der die wirtschaftlichen und sozialen Kosten der Einheit zu bedenken gab. Damit ließ sich jedoch keine Wahl gewinnen.

Viele DDR-Bürger hatten die Politik auf der Straße satt. Viele Stunden hatten sie zwischen 1989 und 1990 auf den Straßen mit Kundgebungen, Demonstrationen und Feiern verbracht. Für das erste gesamtdeutsche Silvesterfest in Berlin waren Menschen von überall her gekommen, um bei der »Nacht der Nächte« dabeizusein. Einige Übermütige hatten die DDR-Fahne vom Brandenburger Tor eingeholt. Die Quadriga war danach erheblich beschädigt und mußte aufwendig restauriert werden.

Bei den ersten freien Wahlen der DDR am 18. März 1990 zog die CDU unter der

Führung von Lothar de Maizière als stärkste Partei mit 40,91 % der Stimmen in die Volkskammer ein. Die SPD unter Ibrahim Böhme, der wenig später als Stasispitzel entlarvt wurde, kam mit der Hälfte dieser Stimmen auf einen abgeschlagenen zweiten Rang. Willy Brandt kommentierte das Ergebnis: »Da ist die deutsche Einheit rasch und ohne Wenn und Aber gewählt worden.« Die CDU bot der SPD und den Liberalen eine große Koalition in der Volkskammer an. Unter der Parole »Allianz für Deutschland« stimmte die Regierung von Ministerpräsident Lothar de Maizière der Wirtschafts- und Währungsunion mit der Bundesrepublik zu.

Das ganze Desaster der DDR-Wirtschaft wurde nun plötzlich offenbar. Nichts stimmte von den geschönten Wirtschaftsdaten. Viele Betriebe arbeiteten völlig unprofitabel, die Umwelt war in einem ungeheuren Maße zerstört. Nach dem Mauerfall machten Millionen von DDR-Bürgern Westbesuche. Ihre Eindrücke hatten das Engagement für eine reformierte DDR erlahmen lassen. Sie wollten endlich an Wohlstand und Freizügigkeit teilhaben. Und es war klar, daß die Sowjets nicht wieder Panzer zur Sicherung ihrer Herrschaft in den Osten Deutschlands schicken würden. Damit lag die Konföderation beider Staaten nahe. Am 1. Juli 1990 wurde die Währungsunion auf dem Alexanderplatz in Berlin mit Feuerwerk gefeiert. Gleichzeitig übernahm man damit die meisten Wirtschafts- und Sozialgesetze der Bundesrepublik. Die Grenzkontrollen zwischen den beiden Staaten wurden jetzt endgültig abgeschafft. Der Bankrott der DDR-Wirtschaft war dem Politbüro bereits seit Mai 1989 bekannt gewesen. Die Westverschuldung war monatlich um eine halbe Milliarde D-Mark gestiegen, so daß die DDR 1991 endgültig zahlungsunfähig gewesen wäre.

Die Entsorgung der DDR-Währung mutet absurd an: Die eins zu eins gegen D-Mark eingetauschten sechzehn Milliarden DDR-Markscheine wurden mit Kunstharz übergossen und in einem Stollen bei Halberstadt versenkt. Diesen hatten KZ-Häftlinge noch im letzten Kriegsjahr für Hitlers »Wunderwaffe« V2 graben müssen. Das war die ökologisch am wenigsten bedenkliche Entsorgung des sozialistischen Geldes. Die 4500 Tonnen Kleingeld aus Leichtmetall wurden in Türgriffe für Autos umgeschmolzen.

Helmut Kohl bekam am 15. Juli im Kaukasus von Michail Gorbatschow endgültig grünes Licht für die Vereinigung Deutschlands und dessen volle Souveränität unter dem Dach der NATO. Dafür wurde der Sowjetunion die Reduzierung der Bundeswehr auf 370 000 Mann und der Verzicht auf ABC-Waffen neben umfangreichen finanziellen und wirtschaftlichen Hilfen versprochen. In den »Zwei-plus-vier«-Verhandlungen war es den beiden deutschen Delegationen gelungen, die Ängste der Siegermächte vor einer Wiedervereinigung abzubauen. Bedingung dafür war die Anerkennung der bestehenden Grenzen in Europa. Am 21. Juni 1990 hatten Bundestag und Volkskammer die Unverletzlichkeit der polnischen Westgrenze anerkannt.

»Gestern war Polterabend, morgen soll das Hochzeitsfest sein. Die Braut ist nicht mehr die Jüngste und durchaus nicht mehr die Schönste, aber sie ist wohlgenährt und stattlich. Sie heißt Helmut. Der Bräutigam ist sehr dünn, vom besten Adel, aber total verarmt. Lothar ist sein Name. Beginnen wir also mit dem Kennenlernen ...« So beschreibt Jens Reich, der Mitbegründer der Bürgerrechtsinitiative »Neues Forum«, seinen Eindruck von der Feier der Wiedervereinigung Deutschlands am 3. Oktober 1990.

Als nun das letzte Staatsoberhaupt der DDR, Lothar de Maizière, im Deutschen Schauspielhaus am Gendarmenmarkt seine Abschiedsrede auf die Deutsche Demokratische Republik hält, sind viele Plätze frei geblieben. Ob die Prominenz der alten DDR-Politik zum Abgesang mit Beethovens neunter Sinfonie einfach nicht mehr erschienen ist? Willy Brandt besitzt die Größe, sich bei der großen Einheitsfeier am Reichstag um Mitternacht (Foto) zuerst bei de Maizière zu bedanken, bevor er Bundeskanzler Helmut Kohl gratuliert. Eine Mischung von Rührung und Erleichterung ist in der Gruppe der deutschen Spitzenpolitiker zu beobachten. Die Stimmung unter den hunderttausend Feiernden vor dem Reichstag und um das Brandenburger Tor schwankt zwischen heiter und nachdenklich. Der hysterische Überschwang der Silvesternacht ist vergangen und kommt nicht einmal beim großen Feuerwerk zurück.

Johanna Schenkel

17. August 1991
Friedrich II. wird umgebettet

Man bringe mich beim Schein einer Laterne, und ohne, daß mir jemand folgt, nach Sanssouci und bestatte mich dort ganz schlicht (. . .) in einer Gruft, die ich mir habe herrichten lassen.«

So bestimmte es Friedrich II. in seinem Testament. Aber dieser letzte Wunsch wurde ignoriert. Nicht neben seinen geliebten Windhunden setzte man ihn bei, sondern an der Seite seines gehaßten Vaters, des Soldatenkönigs, in der Potsdamer Garnisonskirche. Erst 205 Jahre später ging sein Wunsch in Erfüllung, und er wurde dort beigesetzt, wo er sich dies gewünscht hatte.

Als der Zweite Weltkrieg Berlin erreichte, ließen die Nazis die Sarkophage der beiden Preußenkönige vor den rasch zunehmenden Bombenangriffen in einen Salzstollen im thüringischen Eichsfeld schaffen. Um sie dem Zugriff der Roten Armee zu entziehen, wurden sie unmittelbar nach Kriegsende von hier weiter nach Westen, in die Elisabethkirche nach Marburg an der Lahn, gebracht. 1952 fanden sie Aufnahme im Stammschloß der Hohenzollern im schwäbischen Hechingen.

Nachdem das lange verschollene Testament Friedrichs II. durch den ehemaligen Intendanten des DDR-Rundfunks, Hans Bensin, entdeckt worden war, kam Prinz Louis Ferdinand von Preußen, der Chef des Hauses Hohenzollern, auf den Gedanken, seinen illustren Vorfahren, wie von diesem gewünscht, in Potsdam beizusetzen. Bundeskanzler Helmut Kohl unterstützte dieses Vorhaben, erkannte er doch in diesem Akt den symbolischen Anschluß der Bundesrepublik Deutschland an die preußische Geschichte, der man sich jetzt wieder ganz unbefangen zuwenden könne.

Er selbst läßt es sich nicht nehmen, bei der feierlichen nächtlichen Umbettung der Gebeine Friedrichs II. auf die Schloßterrasse von Sanssouci am 17. August 1991 zugegen zu sein. (Foto: Offiziere der Bundeswehr halten Ehrenwache im Ehrenhof von Sanssouci). Dafür unterbricht er sogar seinen Jahresurlaub am österreichischen Wolfgangsee.

Kanzler Kohl hat einen sicheren Instinkt dafür, daß sich Politik vor allem durch Symbole verständlich machen läßt. Er weiß auch, daß Symbole den großen Vorteil haben, nie eindeutig zu sein. Ihr Verständnis ist immer vom jeweiligen historischen Standort oder den kulturellen Erfahrungen des Adressaten abhängig. Eben dies macht solche Symbolpolitik zu einem bisweilen riskanten Unterfangen.

Der symbolträchtige Händedruck, den Bundeskanzler Kohl mit dem französischen Staatspräsidenten François Mitterrand auf dem Schlachtfeld von Verdun im September 1984 wechselte, wurde allgemein richtig verstanden und positiv aufgenommen: Mit dieser simplen Geste, siebzig Jahre nach Beginn des Ersten Weltkriegs, der den blutigen Höhepunkt der deutsch-französischen »Erbfeindschaft« markierte, wurde dieses Kapitel in der gemeinsamen Geschichte beider Völker symbolisch besiegelt.

Weitaus weniger glücklich war dagegen die Bemerkung, die der Kanzler im selben Jahr gelegentlich seines Staatsbesuchs in Israel vernehmen ließ, als er für sich die »Gnade der späten Geburt« in Anspruch nahm. Damit weckte er nicht nur bei den überlebenden Opfern des Holocaust den verstörenden Eindruck, sich mit dem schlichten Hinweis auf sein Alter entschulden zu wollen.

Ebenso ungeschickt war der symbolische Akt, zu dem Kohl den amerikanischen Präsidenten Ronald Reagan bei dessen Staatsbesuch in der Bundesrepublik 1985 nötigte: Eine protokollarische Kranzniederlegung auf dem Soldatenfriedhof von Bitburg in der

Eifel führte zu einer ernsthaften Belastung des deutsch-amerikanischen Verhältnisses, da sich herausstellte, daß hier auch Angehörige der Waffen-SS bestattet worden waren. Präsident Reagan fand sich zu der für Bitburg geplanten Zeremonie erst bereit, nachdem als weiterer Programmpunkt ein Besuch im ehemaligen Konzentrationslager Bergen-Belsen eingeplant worden war.

Eine gewisse Ignoranz hinsichtlich der jüngsten deutschen Geschichte offenbarte Helmut Kohl ebenfalls, als er 1986 öffentlich den sowjetischen Präsidenten Michail Gorbatschow mit dem Nazi-Propagandaminister Goebbels verglich.

Das war eine eklatante Verkennung der Ernsthaftigkeit, mit der sich Gorbatschow bei dem damaligen sowjetisch-amerikanischen Gipfeltreffen in Reykjavík für die Entspannungspolitik einsetzte. Die großen Fortschritte in der Frage der deutschen Wiedervereinigung, die der Kanzler dann dank des Entgegenkommens Gorbatschows bei seinen Moskauer Gesprächen erzielte, belehrten ihn eines Besseren. Für Kohls historisch orientiertes Denken war es sehr bezeichnend, daß er diese Verhandlungen mit den Worten kommentierte: »Wir leben in einer einmaligen Zeit (. . .) Die kommenden Jahre werden in der Geschichte eine tiefe Spur hinterlassen.«

Die Wiedervereinigung Deutschlands war bislang nur mit pathetischen Worten beschworen worden. Viele Politiker, insbesondere auf der Linken, bezeichneten sie deshalb als die »Lebenslüge der Bundesrepublik«. Jetzt aber zeigte es sich, daß die von konservativen Politikern heftig befehdete Ostpolitik der sozialliberalen Koalition unter Willy Brandt und Helmut Schmidt eine friedliche Veränderung der in Mitteleuropa festgefügten Machtverhältnisse vorbereitet hatte. Insbesondere die völkerrechtlich verbindliche Anerkennung der deutschen Ostgrenzen erwies sich nun als ein ganz entscheidender politischer Gewinn. Ohne diesen Schritt hätte es sicherlich nicht dieses Entgegenkommen Moskaus in der Frage der deutschen Einheit gegeben.

Als Helmut Kohl beim Staatsbesuch in Polen am 9. November 1989 von der Maueröffnung in Berlin überrascht wurde, eilte er sofort an den Ort des Geschehens.

Am Abend des 10. November 1989 stimmten er und eine Reihe weiterer Politiker, die sich vor dem Schöneberger Rathaus, dem damaligen Sitz des West-Berliner Abgeordnetenhauses, eingefunden hatten, das Deutschlandlied an. Das anwesende Publikum quittierte dies mit einem Pfeifkonzert, was den Kanzler aber keineswegs irritierte. Mit seinem politischen Instinkt vertraute er auf die geschichtsgestaltende Kraft patriotischer Symbolik.

Dieser Instinkt kam ihm auch bei den »Zwei-plus-vier«-Verhandlungen beider deutscher Staaten mit den vier Siegermächten, den USA, der Sowjetunion, Frankreich und England, zugute: Kohl realisierte dabei die einmalige Chance, das seit 1945 geteilte Land wiederzuvereinen und in den

Prozeß der europäischen Einigung sowie in das westliche Verteidigungsbündnis zu integrieren. Damit vor allem gelang es Helmut Kohl, die Ängste der europäischen Nachbarn Deutschlands, die sich nicht zuletzt aus den Erfahrungen der jüngeren Geschichte speisten, erfolgreich zu beruhigen.

Johanna Schenkel

23. August 1992
Brandanschläge und Lichterketten

Der 23. August 1992 – Karneval in Rostock. Tag der Deutschen« heißt der Spruch auf dem Feuerzeug eines Rechtsradikalen. Das Geschehen in Rostock taucht den Beginn des vereinten Deutschland in ein trübes Licht. Fünf Nächte lang versetzen die Krawalle von rechtsradikalen Jugendlichen gegen Ausländer und die Polizei den Rostocker Stadtteil Lichtenhagen in Angst und Schrecken. Anlaß sind die vor dem Zentrum der Zentralen Aufnahmestelle für Asylbewerber (ZASt) im Freien lagernden Ausländer, die mit ihren Familien Aufnahme in der Bundesrepublik suchen.

Am ersten Tag stehen nur 30 Polizisten den 150 gewalttätigen Jugendlichen gegenüber, die von etwa 1000 Zuschauern angefeuert werden. Die Auseinandersetzungen gehen aber erst richtig los, nachdem die Flüchtlinge weggebracht worden sind. In der zweiten Nacht müssen 100 vietnamesische Gastarbeiter und ein ZDF-Fernsehteam vor einem Hagel von Steinen und Molotowcocktails fliehen. Johlende Rechtsradikale zünden das Haus neben der ZASt an und lassen nicht einmal die Feuerwehr durch. Die Vietnamesen fliehen mit den Reportern vor den Flammen bis unter das Dach. Zeitweise überlassen die Polizeieinheiten den Randalierern das Feld. Erst Stunden später kommen sie zurück und retten die Gehetzten aus Lebensgefahr. Die Beamten müssen dabei gegen Bewohner aus dem ganzen Viertel ankämpfen.

Die soziale Stimmung in Trabantenvorstädten wie Lichtenhagen ist verzweifelt. Siebzehn Prozent der Bewohner der »Fickzellen mit Fernheizung«, wie Heiner Müller sie einmal beschrieb, sind offiziell als arbeitslos gemeldet. Tatsächlich sind es wohl doppelt so viele, da die meisten Frauen und Jugendlichen sich gar nicht registrieren lassen. Seit Dezember 1991 waren die Anschläge von Rechtsradikalen in sechs Monaten von 24 Prozent auf 38 Prozent angestiegen. Besonders im beinahe ausländerfreien Osten mit einem Anteil von 0,5–1 Prozent, gegenüber acht Prozent Ausländern im Westen, stößt die Aufnahme und Ansiedlung von Asylbewerbern auf Widerstand. Der Boden dafür war bereits zu Zeiten der DDR mit ihrem verordneten Internationalismus bereitet worden. Hinzu kommt, daß in den neuen Bundesländern Anfang der 90er Jahre eine Art rechtsfreier Raum herrscht, da die Polizei und ihre Verwaltung die neuen Vorschriften und Leitlinien ihrer Arbeit noch nicht genau kennen.

Die gut organisierte rechtsradikale Szene aus dem Westen kann im Osten ohne Widerstand einbrechen und leicht neue Anhänger gewinnen. Ohne Angst vor Bestrafung und Verfolgung kann sie ihre Netze knüpfen. Diese Aktivisten sind mit Zeitschriften und Büchern bis in das bürgerliche Lager hinein vertreten. Ihre Subkultur wird von Rockbands mit Konzerten und Schallplatten bedient. Seit der Wende ist die Nachfrage nach deutschem Liedgut gestiegen. »Rotlicht macht braun«, das ist die erfolgreiche Devise der Bands von »Störkraft« über die »Böhsen Onkelz« zu »Volkszorn«. Die Namen der Gruppen bilden das Motto bei den Aktionen ihres Publikums.

Die Bilder vom wütenden Mob und zu Tode geängstigten Menschen gehen um die Welt. Sie werden zum schockierenden Symbol für die Unfähigkeit der deutschen Polizei, solcher Ausschreitungen Herr zu werden. Mängel in der Polizeihierarchie sind offensichtlich. Die Kosten für den Einsatz belaufen sich am Ende auf über vier Millionen Mark. Die Wut, die Enttäuschung der Menschen über den Westen und den Niedergang des Ostens sucht sich hier ein Ventil. Die Polizisten werden anstelle der Politiker angegriffen und müssen für den neuen Staat den Kopf hinhalten.

Die Krawalle finden in der deutschen Politik fast nur eine Reaktion: Das Grundgesetz muß geändert und das Asylrecht endlich verschärft werden. Das böse Wort »Asylantenflut« hat die Diskussion aufgeheizt, auch wird von Asylmißbrauch geredet. Wahlerfolge der rechtsradikalen »Republikaner« und der »Deutschen Volksunion« bei den Landtagswahlen in Baden-Württemberg und in Schleswig-Holstein im April 1992 scheinen den Auftrag der Wähler klar zu formulieren: Der Artikel 16a des Grundgesetzes muß weg. Neben der Begrenzung militärischer Einsätze der Bundeswehr war dieser Artikel die moralische Konsequenz aus den Verbrechen der NS-Zeit. Mit der Zusicherung, Verfolgten Schutz zu gewähren, wollten die Väter des Grundgesetzes von 1949 diese Verbrechen sühnen.

Die SPD-Fraktion nimmt ihre alten Vorbehalte gegen Einschränkungen des Artikel 16 GG zurück und ändert ihre Position. Am 6. Dezember 1992 wird der Paragraph mit dem Zusatz 16a mit einer Mehrheit von CDU/CSU, SPD und FDP derart novelliert, daß die Anerkennung als Flüchtling erheblich erschwert wird. Jeder Flüchtling, der jetzt über einen der Nachbarstaaten nach Deutschland einreist und Asyl beantragt, wird abgewiesen. Die Grenzen Europas, wie im Schengener Abkommen festgelegt, gelten als Außengrenzen.

Nach dem Anschlag auf zwei von Türken bewohnte Häuser in Mölln, bei dem zwei Kinder und eine Frau in den Flammen umkommen, ändert sich die Stimmung im Land. Werbekampagnen rufen auf zum Kampf gegen Fremdenhaß und Ausländerfeindlichkeit. Bei VW und in anderen großen Betrieben werden für die Verbreitung von Naziparolen Kündigungen angedroht. Firmen beteiligen sich an den Lichterketten, mit denen überall in Deutschland gegen den Ausländerhaß demonstriert wird.

Bei der Analyse der Berichte und Fernsehbilder von Rostock herrscht großes Entsetzen darüber, daß zeitweise mehr als 5000 Schaulustige bei den Krawallen zugegen waren und applaudierten. Damit wird auch der Unterschied von Fremdenfeindlichkeit in Ost- und Westdeutschland deutlich: Im Osten gibt es keine Scham, keinen heimlichen Haß. Hoyerswerda und Rostock – das ist offen bejubelte Gewalt. Im Westen, in Solingen und Mölln, werden die Anschläge heimlich verübt, wodurch sie für die Betroffenen um so tückischer sind. Ende 1992 zählt der Verfassungsschutz 2285 Gewalttaten von rechts; 17 Tote und 701 Brandanschläge sind die offizielle Bilanz.

Johanna Schenkel

1. Juli 1993
Der Hungerstreik von Bischofferode

»Bischofferode ist überall, bringt die Treuhand doch zu Fall!«
So steht es auf einem Transparent, das die Bergarbeiter der Mitteldeutschen Kali AG (MdK) in Bischofferode an das Werkstor gehängt haben. Die Kumpels verstehen die Welt nicht mehr, als 1993 entschieden wird, daß ihr Bergwerk geschlossen werden soll. Die Auftragsbücher sind gefüllt, Lagerstättenkapazitäten und Bedarfsmeldungen noch für 47 Jahre vorhanden. Wieviel rotes Salz hätte man da noch aus der Erde holen können? Kalisalze sind der wichtigste Grundstoff für die Herstellung von Kunstdünger.
Aber der Markt für Salz war in den 80er Jahren eng geworden. Die DDR war mit 3,4 Millionen Tonnen der drittgrößte Kaliexporteur der Welt hinter Kanada und der Sowjetunion. Danach erst folgte die Bundesrepublik mit einer Förderung von 2,4 Millionen. Aber die Salzstöcke in Hessen waren erschöpft; die Minen im Osten wurden – geschützt durch Geheimverträge – schon vor dem Fall der Mauer grenzüberschreitend von westdeutschen Firmen abgebaut. So hatten vor der Wende ostdeutsche Kalisalze ihren Weg auf die Felder der EG gefunden; 60 Prozent der Produktion ging ins kapitalistische Ausland.
Ganz schnell nach der Grenzöffnung waren die Kundschafter von Kali & Salz (K&S) in die ostdeutschen Gruben eingefahren und hatten sich bei der Konkurrenz umgesehen. Die Verhältnisse mit dem Osten sollten neu geordnet werden. Die K&S sicherte sich sofort die guten Marktanteile der osteuropäischen Gruben, für die nur der »geschützte Heimmarkt« in den neuen Bundesländern blieb. Dann wurden Produkte aus den Gruben, die nicht mehr so gut liefen, ausgegliedert. Kaliumsulfat, das ertragsstärkste Produkt aus Thüringen, wurde gestrichen. Die Gruben gerieten in massive Schwierigkeiten.
Von den ehemals 8000 Bergleuten im Werra-Gebiet fuhren schon 1993 nur noch 700 ein. Falls man in Thüringen den neu bestimmten Abbau abgelehnt hätte, wären auch diese Arbeitsplätze fortgefallen. In dieser abgelegenen Gegend waren neue Arbeitsplätze für lange Zeit nicht zu erwarten. Die Spinnereien, die mit der Baumwollherstellung einst über 4000 Leute beschäftigten, waren nach der Einheit geschlossen worden. Das Straßen- und Tiefbaukombinat

und das Zementwerk Deuna hatten mit etwas 10 000 Arbeitsplätzen ebenfalls schließen müssen.

Am 10. Dezember 1992 wird die Fusion der BASF-Tochter Kali & Salz mit der Mitteldeutschen Kali AG angekündigt. Die Bergwerke Merkers, Riedel und Bischofferode im Osten, Niedersachsen und Bergmannssegen Hugo sollen im Westen geschlossen werden. Am 31. März 1993 stimmt die IG Bergbau für den Ausgleich, demzufolge Bischofferode Ende des Jahres geschlossen werden soll. Darauf besetzen die Kumpel am 7. April ihr Werk. Nach dem 27. April spekulieren sie auf einen Verkauf ihrer Mine.

Am 1. Juli wird die Fusion durch den Bundestag genehmigt. Als Folge treten zwölf Kumpels in den Hungerstreik; bald fasten mehr als 40 Kollegen gegen die Schließung ihres Bergwerks »Thomas Münzer«. Ihre Ehefrauen und die weiblichen Angestellten fahren jeden Tag aus Solidarität für zehn Stunden 600 Meter unter die Erde. Der Hungerstreik ist die letzte verzweifelte Aktion gegen die Schließung ihrer Grube.

Fast 99 Prozent der Aktionäre der Kali & Salz AG stimmen auf der Hauptversammlung am 26. Juli 1993 in Kassel für die Fusion mit der Mitteldeutschen Kali AG. Die Bergarbeiter demonstrieren erneut, sie fürchten um die Arbeitsplätze. Der Fusionsvertrag sieht vor, daß die K&S, als Tochterunternehmen der BASF mit Sitz in Kassel, 51 Prozent in das neue Unternehmen einbringt; 49 Pro-

zent kommen aus dem von der Treuhand verwalteten Anteil der Mitteldeutschen Kali AG. Die Treuhand muß sich verpflichten, eine Einlage von 1,044 Milliarden D-Mark für sie einzubringen. Für die Modernisierung und Rationalisierung der Anlagen im Osten sind 900 Millionen D-Mark veranschlagt, außerdem sollen die Kosten für Altlasten, Sozialpläne und Verluste bis 1997 vom Steuerzahler übernommen werden. Unwirtschaftliche Zweige sollen eingestellt werden. Die K&S verfügte über sechs Kaliwerke und zwei Steinsalzwerke mit einer Jahresproduktion von zwei Millionen Tonnen. 1990 muß sie bei 1,33 Milliarden D-Mark Umsatz einen Verlust von 72 Millionen D-Mark auffangen. Die Mitteldeutsche Kali betrieb Ende der 80er Jahre vier Kali- und ein Steinsalzbergwerk mit 30 000 Beschäftigten und produzierte 3,5 Millionen Tonnen im Jahr. Je zwei Werke sollen nun nach der Fusion geschlossen werden, somit würden insgesamt 7500 Arbeitsplätze, davon 3000 in den neuen Bundesländern, wegfallen.

In der BRD waren schon Mitte der 80er Jahre rund 900 Arbeitsplätze in der Kaliproduktion verlorengegangen, wie in Köln, wo mit der Chemischen Fabrik Kalk ein ganzer Betrieb geschlossen wurde. Der Verfall des Dollar, der Verzicht auf Salz bei der winterlichen Straßensicherung und ein verminderter Bedarf für Dünger in der Landwirtschaft waren Gründe für die Umsatzeinbußen. Nach der Fusion soll erneut ein Weltmarktanteil von 12–13 Prozent erzielt werden.

Die Treuhand will sich nicht für das Konzept eines privaten Unternehmers aus Paderborn entscheiden. Der Mittelständler Johannes Peine handelt mit Zement und Kalk, baut Silos und Recyclinganlagen. Er sieht einen wachsenden Kalibedarf für die Zukunft voraus, kann aber eine von der Treuhand geforderte Bürgschaft von 100 Millionen D-Mark nicht beibringen. Damit spricht alles für die Fusion mit der Kali & Salz AG, die mit einem 80-Prozent-Anteil der BASF gehört und damit eine sichere Kapitaldeckung hat.

Das Bundeskartellamt in Berlin äußert zwar Bedenken, denn da es keine Kaliimporte nach Deutschland gibt, sieht es den Beweis für ein gut organisiertes Kartell erbracht. Folglich sei die Fusion von K&S mit der MdK zu verbieten. Hinzu kommen Bedenken von der EG-Kommission in Brüssel. Durch die Fusion entstehe ein Monopol. Andere Bewerber kämen nicht mehr zum Zuge. Der Schwarze Peter wird nach Brüssel geschoben, wo man am 14. Dezember 1993 die Fusion endgültig billigt. (Foto: Kalikumpel vor den Toren ihres Werkes in Bischofferode, 14. 12. 93).

Ministerpräsident Vogel bietet 700 Ersatzarbeitsplätze in Thüringen für Bischofferode an. Die Kumpel nehmen am letzten Tag des Jahres 1993 resigniert das Angebot der Treuhand mit Sozialplan und Einrichtung einer Beschäftigungsgesellschaft an. Der Streik wird beendet, nur 100 Arbeitsplätze bleiben bei der Abwicklung der Grube übrig.

Johanna Schenkel

31. August 1994
Abzug der alliierten Truppen aus Deutschland

»Wir verlassen nun für immer die deutsche Erde. Deutschland, wir reichen Dir die Hand.« So lautet der Text eines Liedes, das die Russen für ihren Abschied aus Deutschland komponieren lassen. Die Berlin-Brigaden singen es am russischen Ehrenmal für die gefallenen Soldaten der Roten Armee. Bundeskanzler Helmut Kohl wird am Abend in der Russischen Botschaft Unter den Linden gefragt, was wohl Michail Gorbatschow gedacht habe, als er die Übertragung im Fernsehen sah. Seine Antwort: »Da hat einer geerntet, was ich gesät habe.«

Beinahe ein halbes Jahrhundert nach Ende des Zweiten Weltkriegs ziehen die alliierten Besatzungstruppen aus Deutschland ab. (Foto: Ein russischer Offizier packt seine Koffer im Hauptquartier der GUS-Truppen in Wunsdorf). Mit generalstabsmäßiger Genauigkeit präsentiert jede Nation noch einmal ihr ganzes Militär in Paradeuniform, säuberlich nach West und Ost getrennt. Im Streit ums Protokoll spiegeln sich noch einmal die unterschiedlichen Positionen und Einflüsse der ehemaligen Kriegsalliierten wider.

Die Aufteilung Deutschlands in Besatzungszonen war lange vor Ende des Zweiten Weltkriegs beschlossene Sache gewesen. Im Februar 1945, auf der Konferenz von Jalta, legten die USA, Großbritannien und die Sowjetunion die Grundlage für das künftige Europa. Frankreich sollte eine eigene, kleinere Besatzungszone bekommen und gleichberechtigt an der Besatzungsregierung beteiligt werden. Am 8. Mai 1945, nach der deutschen Kapitulation, übernahmen die Alliierten sofort die Regierungsgewalt. Im Juli wurde im Potsdamer Abkommen bestimmt, daß jede Besatzungsmacht für eine eigene Zone allein zuständig sein sollte. Alle Fragen, die ganz Deutschland beträfen, sollten im Alliierten Kontrollrat verhandelt werden. Berlin bekam einen Viermächtestatus, die Stadt wurde in vier Sektoren aufgeteilt, die von allen Siegern gemeinsam verwaltet wurden.

Da sich die Westzonen sehr bald unterschiedlich von der sowjetischen Zone entwickelten, wurde die Teilung Deutschlands immer deutlicher. 1948 empfahl eine Sechs-Mächte-Konferenz in London, die Westzonen in den Westen zu integrieren und die Deutschen auf ihre Selbstverwaltung vorzubereiten.

Als im Juni 1948 die Währungsreform für Westdeutschland und West-Berlin von den Westmächten eingeleitet wurde, reagierten die Sowjets mit einer Blockade der Straßen, Bahn- und Wasserwege nach Berlin. Die Westmächte versorgten die Stadt fast ein Jahr lang, bis zum 12. Mai 1949, über eine Luftbrücke. Nach der Gründung der beiden deutschen Staaten im gleichen Jahr garantierten die jeweiligen Besatzungstruppen den Status quo. In den Pariser Verträgen gaben die Westmächte am 23. Oktober 1954 ihre Sicherheitsgarantien für die Bundesrepublik und für Westberlin ab. Damit war die Souveränität der Bundesrepublik und ihr Beitritt zur Westeuropäischen Union wie zur NATO festgelegt.

Der Berlin-Status setzte von Anfang an eigene Maßstäbe für den Umgang mit dem Militär der alliierten Besatzungsmächte. Im November 1958 forderte Nikita Chruschtschow die drei Westmächte auf, Berlin innerhalb von sechs Monaten zu entmilitarisieren. Die Westmächte erhoben Protest gegen das Ultimatum; sie wollten ihre Verantwortung für Berlin nicht aufgeben. Ihr Widerstand zeitigte Wirkung, denn schon im März 1959 erkannte die Sowjetunion ihre Rechte an. Bis zum Viermächteabkommen dauerte es dann noch zwölf Jahre; am 3. September 1971 wurde es in Berlin unterzeichnet. 12 000 Soldaten der Westalliierten waren zu dem Zeitpunkt in der Stadt stationiert.

Nach dem Fall der Mauer erklärten die Siegermächte angesichts der Wiedervereinigung am 12. September 1990 im sogenannten Zwei-plus-vier-Vertrag, daß ihre Verantwortlichkeit und Rechte in bezug auf Deutschland als Ganzes erloschen seien. Das bedeutete den Abzug der alliierten Truppen aus Berlin.

Am 18. Juni 1994 nehmen sie mit ihrer letzten Truppenparade Abschied von den Berlinern; 2000 Soldaten marschieren über die Straße des 17. Juni, begleitet von Glenn-Miller-Melodien. Ein Rosinenbomber, eine Dakota, jener Flugzeugtyp, der die Stadt in der Blockadezeit aus der Luft versorgt hatte, überfliegt die Menge.

Am 31. August 1994 salutiert der russische General Burlakow auf dem Gendarmenmarkt in Berlin vor Boris Jelzin und Helmut Kohl und meldet stolz: »Der zwischenstaatliche Vertrag über den befristeten Aufenthalt und den Abzug der Westgruppe der Truppen ist erfüllt.«

Es hatte fast drei Jahre und acht Monate gedauert, bis die 546 200 russischen Soldaten und 123 629 Tonnen Material nach Rußland transportiert worden waren. Viel protokollarisches Feingefühl war nötig, bis es zu dieser Feier, die erst in Weimar hatte stattfinden sollen, kommen konnte. Die Russen wollen nicht in einer deutschen Stadt Abschied nehmen, die 1945 erst die Amerikaner erobert hatten, bevor sie an die Sowjets übergeben wurde. Schließlich hat man sich doch auf Berlin geeinigt.

Die Straßen von Ost-Berlin sind mit 40 000 Menschen von Karlshorst bis nach Köpenick gesäumt. Viele Passanten haben Blumen mitgebracht, die sie den Soldaten schenken. Boris Jelzin spricht in seiner Rede die Deutschen von der Schuld frei, das Volk sei »von den Fa-

schisten verführt worden«. Helmut Kohl dankt ihm, »ohne das Mitwirken des Kremls wäre die Deutsche Einheit nicht zustande gekommen. Wir Deutschen werden uns stets dankbar erinnern.« Dazu gehört auch die Pflege aller Friedhöfe, Denkmale und Ehrenstätten der Roten Armee – wie im Einigungsvertrag festgehalten.

Am 8. September 1994 wird feierlich der Abzug der westalliierten Truppen begangen. Zum Programm gehört ein Konzert mit der Leonoren-Ouvertüre im Deutschen Schauspielhaus und der Große Zapfenstreich am Abend vor dem Brandenburger Tor. Der französische Staatspräsident François Mitterrand, der britische Premierminister John Major und der US-Außenminister Warren Christopher sind zu dem Festakt nach Berlin gekommen. Die russische Armee wäre so gern zusammen mit den westlichen Siegermächten verabschiedet worden, was die Bundesregierung jedoch ablehnte, da sie die Besatzungstruppen der DDR nicht mit den in der Bundesrepublik stationierten in eine Reihe stellen wollte.

Heute sind in Deutschland nur noch ausländische Truppen stationiert, die Aufgaben im Rahmen der NATO wahrnehmen.

Johanna Schenkel

19. Mai 1995
Jürgen Schneider wird verhaftet

Jürgen Schneider wurde, sobald er verschwunden war, zum Titelhelden der Boulevardblätter. Immer neue Fluchtorte wurden vermeldet: Iran, die Philippinen, Marbella, Paraguay, Fuerteventura und die Karibik. Die Boulevardpresse machte ihn zum Volkshelden, der die Banken über den Tisch gezogen hatte. Zum Verhängnis wurde ihm sein Statement, das er dem Zweiten Deutschen Fernsehen auf Band schickte. Die Fahnder vom Bundeskriminalamt kamen ihm und seiner Frau über den Kurier der Kassette auf die Spur.

Braungebrannt und ohne Haarteil, dafür mit Schnurrbart und in karierten Bermudashorts, so sieht Dr. Utz Jürgen Schneider (61) aus, als ihn FBI-Beamte am 19. Mai 1995 in Miami verhaften (Foto). Er hatte auf seinen Vertrauten Luigi Poletti gewartet, der Geld von der Capitol-Bank abhob. Der Haftbefehl der Frankfurter Staatsanwaltschaft lautet auf Kreditbetrug, betrügerischen Kon-

kurs und Steuerhinterziehung. Der Verhaftete beteuert seine Unschuld.
Mehr als ein Jahr lang war er mit internationalem Haftbefehl gesucht worden. Er hatte Schulden in Milliardenhöhe aufgehäuft, bis er mit seiner Frau spurlos verschwand. Diese Flucht war sorgfältig vorbereitet. Das Ehepaar Schneider hatte sich am 4. April 1994 von seinen Mitarbeitern für einen kurzen Osterurlaub verabschiedet. Statt in die Toskana waren die beiden aber über Genf und Washington nach Miami geflogen. Dort hatten sie sich unter dem Namen Mr. Baker und Mrs. B. Nelson in einer Wohnanlage der obersten Kategorie eingemietet. Das einzige Lebenszeichen, das zurückblieb, war ein Brief an die Deutsche Bank. Schneider entschuldigte sein Verschwinden mit gesundheitlichen Gründen und beklagte sich: »Ich vermisse in der Bankenwelt das vermittelnde Gefühl – wir sitzen alle in einem Boot, um das Konjunkturtal und das Ostproblem zu überwinden.« Er bat die Bank, seine wirtschaftlichen Probleme zu klären, da er zahlungsunfähig sei.
Jürgen Schneider hatte eine Maurerlehre, ein abgebrochenes Architekturstudium hinter sich und war Dackelzüchter gewesen, bevor er sich 1981 selbständig machte. Mit dem Doktorgrad der Universität Graz ausgestattet, erwarb er mit Hilfe des Vermögens seiner Frau Claudia Schneider-Granzow die erste Eigentumswohnung, die er bald mit Gewinn abstieß. Nach dieser Strategie baute er sein Imperium mit 550 Mitarbeitern auf. Sein Ruf bei den Banken war der eines Edelsanierers; er kaufte nur historische Spitzenobjekte, bevorzugte Gebäude mit vielen Säulen, Verzierungen, Stuck und Marmor. Den Frankfurter Fürstenhof, ein ehemaliges Hotel, kaufte er für 45 Millionen, sanierte ihn mit 200 Millionen und verkaufte den Komplex für 450 Millionen Mark an japanische Investoren. Projekte wie das Goldene Kreuz in Baden-Baden, das Palais Bernheimer in München, das Fahning-Haus in Hamburg, der Barthels-Hof, das Hotel Rose in Wiesbaden am Kochbrunnen, das Ranke-Eck in Berlin und die Mädler-Passage in Leipzig gingen durch seine Hände. Nach dem Fall der Mauer hatte sich seine Firma besonders im Osten engagiert, von üppigen Steuergeschenken und großzügigen Krediten ermutigt.
In Leipzig hatte er mehr als vierzig Immobilien gekauft. Die Banken verließen sich auf die Gutachten, die die Bonität und betriebswirtschaftliche Kalkulation der Objekte versprachen. Die detaillierten Angaben zu diesen Gutachten waren stets von Jürgen Schneider beigebracht worden. Die Grundfläche für die Mietverträge wurden mit Stau- und Lieferflächen aufgeblasen. Bei den Kreditgebern verfing sein selbstsicheres und seriöses Auftreten in Verbindung mit fingierten Festgeldkonten. Das reichte, um die gewünschten Kredite zu erhalten, und die Loyalität seiner Mitarbeiter unterstützte seine Glaubwürdigkeit.
Als der Mann 1994 spurlos verschwindet, stehen in der Bilanz mehr als sechs Milliarden Mark Schulden, aber nur 3,2 Milliarden an erzielbaren Werten. Nach seinem Brief an die Deutsche Bank, mit dem er seine Pleite eingestand, hatten deren Finanzexperten in einer »Feuer-

wehraktion« ermittelt, daß der Baulöwe bei über 50 Banken Geld unter Vorspiegelung falscher Tatsachen geliehen hatte: Auf 2,1 Milliarden Mark belief sich sein Schuldenkonto. Schon im Dezember 1993 hatte Schneider Gelder für seine Flucht auf ein Konto in London deponiert – immerhin noch 245 Millionen Mark wurden davon später auf seinem Schweizer Konto in Genf beschlagnahmt. 400 Millionen lagen auf Auslandskonten und dienten als Spielgeld zur Täuschung der Kreditgeber.

Der Chef der betrogenen Deutschen Bank, Hilmar Kopper, bezeichnet am 21. April 1994 vor der Presse die noch offenen Handwerkerrechnungen in Höhe von 50 Millionen Mark als »Peanuts« – gewiß eine Kleinigkeit verglichen mit der Hauptforderung der Bank von 1,3 Milliarden Mark gegen Jürgen Schneider. »Peanuts« wird zum Unwort des Jahres 1994.

Der Umgang mit den Herren in den Chefetagen war Jürgen Schneider vertraut gewesen. In Frankfurt war er bei allen gesellschaftlichen Anlässen als Gast willkommen; die Konzerte im Rahmen seiner aufwendig renovierten Altbauten, seine Spenden und Stiftungen, sorgten stets für gute Stimmung in den gehobenen Kreisen, und seine Dreistigkeit war nicht zu übertreffen. Seit 1981 hatte er bei 50 Banken für 75 Objekte insgesamt fünf Milliarden Mark ergaunert. Insgesamt 800 betrogene Handwerker, Architekten und Angestellte in 100 Betrieben bekamen am Ende ihr Geld nicht. Aus diesen Gründen erhob die Staatsanwaltschaft Anklage auf Betrug in sechs Fällen.

Der Konkursverwalter Gerhard Walter brachte das System Schneider auf einen Satz: »Er hat stets zu teuer gekauft, zu teuer gebaut und zu wenig eingenommen.«

Johanna Schenkel

2. Januar 1996
Die Bundeswehr im Einsatz auf dem Balkan

Wir sind jetzt dran«, meinte Bundeskanzler Kohl bei der Feier zum 40jährigen Bestehen der Bundeswehr im Oktober 1995. Er hatte ein konkretes Ziel vor Augen: »Wenn die Unwetter der Geschichte niedergehen, können wir nicht mehr sagen, das geht uns nichts an. Nach vierzig Jahren Sicherheit unter dem NATO-Atomschirm muß das vereinte Deutschland auf dem Balkan nun Hilfe und Kameradschaft für die Verbündeten leisten.« Damit traf er auf Widerstände bei der SPD und den Grünen, die erst nach Abschluß eines Friedensvertrages bereit waren, Truppen zur Friedenssicherung in den Balkan zu entsenden.

Der SPD-Vorsitzende Rudolf Scharping und ihr außenpolitischer Sprecher Günter Verheugen setzen sich über die Bedenken der pazifistischen Linken hinweg. Um diesem SPD-Flügel entgegenzukommen, wird der Einsatz von ECR-Tornados zunächst ausgeklammert. Dann stimmt die SPD-Fraktion dem Kabinettsbeschluß und damit den Plänen der CDU/FDP-Koalition zu.

Bei den Grünen votiert fast die Hälfte der Abgeordneten gegen den Bosnien-Einsatz der Bundeswehr. Sie nennen das Vorgehen der Regierung eine »militärgestützte deutsche Außenpolitik«, die sie nicht mittragen wollen. Immerhin sind bei Umfragen unter den Wählern der Grünen 52 Prozent der Befragten für die Kampfeinsätze der Bundeswehr, sofern Völkermord verhindert werden kann. Der Zwiespalt reicht bis in die Parteispitze.

Joschka Fischer und Parteisprecherin Krista Sager befürworten den NATO-Einsatz, Kerstin Müller und Jürgen Trittin sind dagegen. Sie meinen, daß Sicherheitsaufgaben auch von UNO-Blauhelmen und dem Technischen Hilfswerk übernommen werden könnten, NATO-Truppen seien dort überflüssig. Eine Reise der Grünen-Fraktion und -Parteispitze durch das zerstörte Bosnien bringt diese Haltung schließlich ins Wanken.

Bis zu diesem Zeitpunkt hatte Artikel 24 Absatz 2 des Grundgesetzes einem Einsatz der Bundeswehr als Kampftruppe Einhalt geboten. Danach mußte der Bundestag mit einfacher Mehrheit jeder Entsendung von Bundeswehrsoldaten zum internationalen Einsatz unter UN-Befehl zustimmen. Nur in aktuellen Krisen konnte die Armee vorläufig eingesetzt werden. Die Verwendung von Aufklärungs-Flugzeugen über Bosnien-Herzegowina wie auch der Somaliaeinsatz waren nachträglich vom Bundesverfassungsgericht im Juli 1994 gebilligt worden. SPD und FDP hatten Verfassungsklage gegen den Einsatz der Flugzeuge eingebracht. Mit der Wiedervereinigung ging der »Sonderweg« Deutschlands in Fragen der NATO-Intervention und der UN-Mandate zu Ende.

Im aktuellen Fall Ex-Jugoslawien gibt es auch historische Gründe für den Widerstand gegen die Entsendung von Bundeswehrtruppen. Im April 1941 hatte die Wehrmacht auf Befehl Adolf Hitlers den Balkanstaat besetzt. Die Beute dieses Überfalls wurde mit den Verbündeten geteilt. Ein neuer Staat entstand: Groß-Kroatien, das von der faschistischen Ustascha-Bewegung geführt wurde. Unter Leitung des kommunistischen Marschalls Tito kämpften Partisanen gegen die deutschen Besatzer, die sich grausam dafür rächten. Ihre kroatischen Verbündeten wüteten unter den Serben. Erst im Frühling 1945 räumten die Deutschen Jugoslawien; insgesamt 1,7 Millionen Menschen waren umgekommen.

Im Januar 1996 stoßen zu den 60 000 Mann der multinationalen Truppe auf dem Balkan 4000 deutsche Soldaten. Deutschland schickt Gebirgsjäger und Fallschirmspringer mit Radpanzern der Typen »Fuchs« und »Luchs«. (Foto: Soldaten der deutschen IFOR-Streitkräfte bei einer Patrouillenfahrt in Bosnien). Sie sollen helfen, eine funktionierende

Infrastruktur zu installieren und den Nachschub beschützen. Die Kosten dieser Blauhelm-Aktion belaufen sich jährlich auf sechs Milliarden Dollar; damit erhält die Existenz der Armee einen anderen Sinn. Noch 1992 hatte die Bundeswehr 53 Milliarden Mark aus dem Bundes-Etat bekommen; 1997 wird dieser Betrag infolge der schlechten Wirtschaftslage auf 46,6 Milliarden Mark reduziert.

Auch das Personal der Streitkräfte schrumpft auf eine Stärke von 340 000 Mann. Davon sollen 50 000 Soldaten aus allen Teilstreitkräften – Marine, Luftwaffe und Landtruppe – für Aufgaben außerhalb der Nato zur Verfügung stehen.

Am 2. Januar 1996 erhält Brigadegeneral Friedrich Riemann im deutschen Camp bei Trogir an der Adriaküste das Kommando über die deutschen Heeressoldaten. Generalmajor Volker Löw, der Kommandant der Luftwaffe in Regensburg, wird zum Deutschen Nationalen Befehlshaber auf dem Balkan ernannt. In drei Flugzeugen werden 478 Soldaten zum Einsatzort gebracht. Am Silvestertag war der Frachter »Gleichberg« mit 150 Fahrzeugen für die Soldaten im Hafen von Sibenik gelandet. Fünf weitere Schiffe brachten Pionierfahrzeuge und Container mit Ausrüstung. Damit sind 1200 Soldaten in Kroatien verfügbar, darunter zwanzig Frauen und vierzig Wehrpflichtige von den Gebirgsjägern und den Fallschirmspringern. Alle haben sich freiwillig für diesen Einsatz gemeldet.

Die erste Aufgabe der Deutschen ist die Ausstattung und Einrichtung der Unterkünfte sowie die Installation von Fernmeldeanlagen. Die als Kasernen ausgesuchten Gebäude sind unbewohnbar. Konvois werden in Marsch gesetzt, die die IFOR-Quartiere in Bosnien mit Mannschaft und Material beliefern. Etwa 500 Sanitätssoldaten kommen zu den Franzosen in ein Lazarett im kroatischen Split. Aber auch acht deutsche Tornado-Kampfflugzeuge sollen die serbischen Raketen in Schach halten, sechs Aufklärung leisten.

Ein wichtiges Ziel der Bundeswehr ist die Herstellung der Infrastruktur, der Aufbau zerstörter Häuser und Dörfer, damit 300 000 in Deutschland lebende bosnische Flüchtlinge wieder zurück in ihre Heimat können.

Eine weitere Aufgabe der Truppe ist die Räumung und Entschärfung von Minen. Nach Meinung von Fachleuten wird es aber bis zu dreißig Jahre dauern, bis alle der fast vier Millionen Minen, die in Bosnien in den dreieinhalb Jahren Bürgerkrieg gelegt wurden, unschädlich gemacht werden können.

Johanna Schenkel

18. Juli 1997
Die Oderflut

Das Tief »Xolska« gefolgt von »Zoe« bringt im Juli 1997 äußerst ergiebige Niederschläge nach Mitteleuropa. Seit Menschengedenken hatte es hier nicht soviel geregnet: mehr als 500 Liter Wasser pro Quadratmeter, fünf Tage lang ohne Unterlaß; Felder und Wiesen können das Naß nicht mehr aufnehmen, Bäche und Flüsse schwellen an und treten über die Ufer. Eine Hochwasserwelle wälzt sich durch die Slowakei und Tschechien, »Böhmen liegt am Meer«. Auch in Polen regnet es unablässig; am 13. Juli steht Breslau im Wasser. Stauseen müssen geflutet werden, der Strom fällt aus. Trotz der Warnungen gibt es in Polen über 50 Tote und Vermißte.

Am 18. Juli kommt die Flut nach Brandenburg. Der morsche Damm an der Oder bricht bei Kunitz auf fast hundert Metern Länge; das Wasser steht in Aurith.

Das Jahrhunderthochwasser ist nicht mehr aufzuhalten, südlich von Frankfurt an der Oder werden Tausende von Quadratkilometern Land überflutet. Nun ist das gesamte Gebiet im Oderbruch in Gefahr.

Die Pläne zur Evakuierung der Menschen sorgen für Aufregung. Die Bauern müssen ihr Vieh auf höher gelegene Wiesen bringen: fast 24 000 Rinder, 20 000 Schweine, 4000 Schafe und einige hundert Pferde. Das kostet Zeit. Die Tiere vertragen den Umzug nicht, sie leiden unter dem Transport. Wer soll die Kühe auf den fremden Wiesen melken? Woher kommt das Futter für die Tiere? Wer bezahlt den Verlust, was ist mit dem eigenen Heu im Stall, wenn es naß wird? Das Wasser steigt weiter. Die Zeit wird knapp, die nächste Flutwelle steht vor der Tür.

Fast zwanzigtausend Menschen leben im Oderbruch. Die meisten Deiche, die sie vor dem Fluß schützen, sind vom Regen so weich geworden, daß sie nun langsam unterspült werden. Sie sind alt, viele davon hatte schon vor 250 Jahren Friedrich der Große anlegen lassen. Er ließ die Sümpfe im Oderbruch trockenlegen und gewann damit neues, fruchtbares Land für seine Bauern.

Jetzt sollen Tausende ihre Häuser und Dörfer verlassen. Viele weigern sich zu gehen, sie wollen unbedingt ihr Hab und Gut vor der Flut retten. Viele hatten sich nach der Wiedervereinigung neue Kühltruhen und Fernsehapparate angeschafft, das Haus renoviert und mit einer Zentralheizung ausgestattet. Was wird mit der Ernte, den Früchten im Garten geschehen, wohin mit den Hühnern und Kaninchen?

20 Kilo Handgepäck darf jeder in einer halben Stunde packen. Aber was ist, wenn Plünderer Stereoanlagen und andere teure Dinge aus den leeren Häusern holen? Der Bundesgrenzschutz verspricht, zur Bewachung der evakuierten Gebäude Wärmebildgeräte einzusetzen, mit denen sie sonst an der Grenze zu Polen Menschenschmuggler aufspüren.

Trotzdem müssen manche Bewohner von der Polizei mit Gewalt aus ihren Häusern geholt werden. Derartiges hatte man selbst in DDR-Zeiten nicht erlebt. Damals galt allein der Zusammenhalt der Dorfbewohner gegen das Hochwasser, der Staat hielt sich da raus. Durch die Deichbrüche im Oberlauf des Flusses stagniert der Pegel eine Weile. Angesichts der Lage bleibt nichts anderes übrig, als Sandsäcke zu füllen, um dem Wasser damit Halt zu gebieten. (Foto: Hochwasser bei Brieskow-Finkenheerd). Die morschen Deiche, teilweise noch mit Kuhmist gebaut, müssen verstärkt werden, bevor die nächste Flutwelle kommt. Der Deich, der die Ziltendorfer Niederung schützt, wird gesprengt, um Frankfurt zu entlasten. Das gibt wieder böses Blut.

Ohne Hilfe schaffen es die Leute an der Oder nicht mehr. Der Bundesgrenz-

schutz hat schon mit den Feuerwehren über 2000 Leute im Einsatz. Ministerpräsident Manfred Stolpe fordert für Brandenburg und seine Nachbarn Hilfe vom Bund und aus der Europäischen Union. Endlich entsendet die Bundeswehr über 10 000 Soldaten mit Hubschraubern, Fahrzeugen und Pioniergeräten. Ende Juli ist die Bedrohung durch die Flut an der Oder gebannt.

Es ist regelrecht Krieg, Krieg gegen das Wasser. Von »Fronten« ist die Rede, von »Kameraden« und dem Wasser als »Feind«. Hilfstruppen versperren sich gegenseitig die Wege. Kontrolleure verlangen auf den Straßen Passagierscheine, die Stunde der Wichtigtuer ist gekommen.

In der Sommerflaute kommen die Medien – und mit den Kameras die Politiker. Eberhard Diepgen eilt aus dem nahen Berlin herbei, Volker Rühe besucht seine Soldaten, Bundeskanzler Kohl unterbricht seinen Urlaub am Wolfgangsee, auch SPD-Chef Lafontaine will den Menschen Mut machen. Einige legen symbolisch Hand an und schippen mit: drei Schaufeln in einen Sack, zwanzig Kilo Sand in einen Sack. 500 Säcke wiegen eine Tonne; mehr als fünf Millionen halten am Ende das Wasser von den Ufern der Oder ab.

Die Zeitungen melden: »Die Natur schlägt zurück!« Sie vergessen den normalen – physikalischen Lauf des Wassers. Gegen Regen läßt sich nichts machen, schon in alten preußischen Handbüchern wird von den starken Niederschlägen in dieser Region berichtet. Und weil der Boden im Oderbruch aus Uferschlamm besteht, läßt er wenig Wasser durch. Leider gibt es keine Wälder entlang der Flußufer, die das Wasser hätten aufhalten können.

Die Stauseen und die Staustufen für den Schiffsverkehr im polnischen Teil der Oder legen den Strom fest. Zwischen Oppeln und Breslau wurde der Fluß dafür stark begradigt und einbetoniert. Es wird hier wieder klar – Hochwasserschutz mit Deichen produziert Hochwasser anderswo. Die Gefahr einer Überflutung wird nur den Strom abwärts geschoben, das Wasser fließt dadurch immer schneller. Es drückt nun mit einem Gewicht von sieben Tonnen pro Quadratmeter gegen die aufgeweichten Deiche. Nur noch die Sandsäcke halten. »170 Kilometer aufgeschichteten Pudding vor der nächsten Welle«, so der Sprecher des Krisenstabes.

Die Angst vor der nächsten Flutwelle hält die Helfer zusammen. Gefahr für einen weiteren Dammbruch liegt bei Hohenwutzen. Das Wasser steht so hoch an der Deichkrone, daß es für eine Menschenkette zu gefährlich wird, dort zu stehen. Die Säcke können nur noch aus der Luft mit Hubschraubern auf den aufgeweichten Deich abgelegt werden. Aber in der Nacht ist es mit allen Kräften gelungen, der Deich hält.

Dann endlich, Anfang August, fällt das Wasser wieder, der Pegel sinkt. Immer noch hören alle gespannt den täglichen Wetterbericht, aber der Regen hört auf, endlich setzt sich der Sommer mit warmer Sonne durch. Durch die Lücken im Deich zieht die Oder sich in ihr Bett zurück, jetzt kommen die Mücken und quälen alle, die die Schäden wegräumen.

Die Bilanz: 7500 Hektar Land im Oderbruch sind verwüstet, Schäden von rund zehn Milliarden Mark entstanden, nur zehn Prozent davon sind versichert. Aber die vielen Spenden und Geldgeschenke, die gesammelt worden waren, reichen aus. Es ist sogar genug, um die Not der Nachbarn zu lindern. Und es bleibt in Ost und West das Gefühl, diese Katastrophe gemeinsam bewältigt zu haben.

Johanna Schenkel

27. September 1998
Der Machtwechsel

Diese drei Männer haben offenbar Spaß und keine Scheu, ihre gute Laune über den gelungenen Abschluß des Koalitionsvertrags öffentlich zu zeigen. Nach sechzehn Jahren haben die deutschen Wähler Helmut Kohl den Abschied gegeben und statt dessen ihnen die Macht anvertraut.

Der Machtwechsel von Schwarz-Gelb zu Rot-Grün, von der Koalition der CDU-FDP zu SPD-Grüne ist ein Ergebnis der Bundestagswahl vom 27. September 1998. Dies ist der erste Regierungswechsel in der Bundesrepublik Deutschland, der durch Wahlen herbeigeführt wurde. Alle bisherigen Machtwechsel waren dadurch zustande gekommen, daß die FDP ins andere politische Lager überlief. Ein britischer Beobachter bemerkt trocken, es sei eine typisch deutsche Revolution: sie ereignete sich ein Jahr später als überall sonst und in Zeitlupe. Siebzehn Monate nach dem Wahlsieg von Tony Blair in England und sechzehn Monate, nachdem in Frankreich Lionel Jospin sozialistischer Regierungschef wurde, zieht die Bundesrepublik mit Gerhard Schröder als Kanzler nach.

Die Sozialdemokraten haben in der Bundestagswahl vom 27. September 1998 40,9 % (1994: 36,4 %) erreicht und stellen damit seit 1972 erstmals wieder mit 298 Mandaten die stärkste Fraktion im Bundestag. Die Union ist auf 35,2 % (1994: 41,1 %) gefallen und hat mit 245 Sitzen das schlechteste Ergebnis seit ihrer Gründung. Die Grünen haben trotz leichter Verluste 6,7 % (1994: 7,3 %) und 47 Sitze im Parlament erobert. Verloren haben auch die Liberalen; sie erzielen lediglich 6,2 % (1994: 6,9 %) und stellen 44 Abgeordnete. Die PDS erzielt erstmals 5,1 % der Stimmen (1994: 4,4 %) und erringt 35 Mandate.

Die Mehrheit von 21 Mandaten für die Koalition aus SPD und Grünen ist so deutlich, daß eine große Koalition der SPD mit der CDU eine Mißachtung des Wählerwillens gewesen wäre. Bundeskanzler Helmut Kohl übernimmt die Verantwortung für das schlechte Abschneiden seiner Partei. Schon am Wahlabend stellt er auch den Posten des Parteivorsitzenden zur Verfügung.

Noch in der Wahlnacht treffen sich die Spitzen von SPD und Grünen zu ersten Sondierungsgesprächen. Es folgen komplizierte Koalitionsverhandlungen, denn für vier Jahre sollen alle Ziele möglichst genau schriftlich festgehalten werden.

Für beide Parteien steht der Kampf gegen die Arbeitslosigkeit im Vordergrund. Vorrangige Ziele bei den Grünen sind der Ausstieg aus der Atomenergie, eine Reform des Staatsbürgerrechts und eine ökologische Steuerreform. Die SPD läßt schon vor den Koalitionsgesprächen durch ihren Kanzlerkandidaten verlauten, daß sie an den Grundzügen der deutschen Außenpolitik festhalten wolle und daß es auch bei der Bekämpfung der Kriminalität sowie in der Wirtschaftspolitik keine Experimente geben werde. Zündstoff bei den Koalitionsverhandlungen sind der Spitzensteuersatz, die Rentenreform, der Atomausstieg, der Transrapid und die ökologische Steuerreform.

Doch was bedeutet dieser Machtwechsel darüber hinaus für die Bundesrepublik? Die Wähler haben – im Widerspruch zu den Voraussagen der Demoskopen und politischen Kommentatoren – ganz klar gegen die große Koalition von SPD und CDU gestimmt. Außerdem ist die PDS erstmals in Fraktionsstärke im Parlament vertreten. Durch die Analyse des Wahlverhaltens wird klar, daß diese Wahl im Osten entschieden wurde. Dem ist Rechnung zu tragen.

Die Koalitionsverhandlungen beginnen am 3. Oktober. In der Bonner Landesvertretung von Nordrhein-Westfalen versammeln sich die Vertreter von SPD und Bündnis 90/Die Grünen acht Tage lang. Die entscheidenden Fragen werden von den vier Hauptakteuren Schröder, Lafontaine, Fischer und Trittin abends im Kaminzimmer des Hauses diskutiert. Die Auseinandersetzungen finden weniger zwischen den beiden Parteispitzen als innerhalb der Parteien statt. Die Frauen wollen mehr Ministerien, die »Realos« versuchen sich gegen die »Funda-

mentalisten«, die SPD-»Kanalarbeiter« gegen die Vertreter der »Neuen Mitte« durchzusetzen.
Schröders designierter Wirtschaftsminister Stollmann springt überraschend ab, weil er mit den Steuerplänen nicht einverstanden ist und seine Macht nicht von Finanzminister Lafontaine beschneiden lassen will. Sein Amt wird vom parteilosen VEBA-Manager Werner Müller übernommen. Sind das die ersten Bruchlinien in dem neuen Bündnis? Die neue Regierung ist mit fünf Frauen und dreizehn Männern deutlich jünger – der Durchschnitt liegt bei 50 Jahren – und weiblicher als das Kabinett Kohl. Am Ende unterzeichnen je zwei Männer und zwei Frauen von Bündnis 90/Die Grünen und SPD den Koalitionsvertrag. (Foto: Der künftige Bundeskanzler Gerhard Schröder, der designierte Außenminister Joschka Fischer und der SPD-Vorsitzende und künftige Finanzminister Oskar Lafontaine nach Unterzeichnung des Koalitionsvertrages am 20. 10. 98).
Die neuen Umgangsformen in der deutschen Politik werden besonders im Ausland genau beobachtet. Dort fällt auf, daß die Feiern nach dem Wahlsieg so bescheiden ausgefallen seien. Joschka Fischer nannte dies die »postviktorianische Depression«. Seine neuen dreiteiligen Anzüge, ganz den protokollarischen Anforderungen eines Außenministers angepaßt, werden genau unter die Lupe genommen, wie auch sein Auftreten bei den Antrittsbesuchen im Ausland. Immerhin hatte dieser Mann sich einst in Turnschuhen zum Minister in Hessen vereidigen lassen. Seine Karriere vom Taxifahrer und Sponti zum Außenminister ist in diesen Tagen ein beliebtes Thema.
Fischers Karriere ist das eigentliche Signal für eine neue Generation in der deutschen Politik. Wie er sind die meisten der neuen Minister(innen) nach dem Krieg geboren und mit dem Fernsehen groß geworden. Das erklärt den lockeren Umgang mit diesem Medium. In Ausbildung, Berufslaufbahn wie überhaupt in ihren Biographien sind bei den Mitgliedern der neuen Regierung Brüche und Widerstände deutlich sichtbar. So sind die diversen Ehen und Beziehungen der drei Herren auf dem Foto dem Kölner Kardinal Meißner ein Dorn im Auge. Oder hat ihn vielmehr gestört, daß einige Minister ihren Amtseid nicht mehr mit der Formel »so wahr mir Gott helfe« ableisten?
Das Motto des neuen Bundeskanzlers lautet: »Wir werden nicht alles anders machen, aber vieles besser.« Schnell hat Schröder, der Medienstar, gelernt, daß man ihn an seinen Taten messen wird.

Johanna Schenkel

1999
Der Regierungsumzug

Es war eine spannende Debatte, die der Deutsche Bundestag um die Frage der Hauptstadt im wiedervereinigten Deutschland geführt hatte. Alle Ängste und Vorbehalte gegen ein Großdeutschland und ebenso gute Argumente für die eingeführten föderalen Strukuren der alten Bundesrepublik waren am 20. Juni 1991 zur Sprache gekomen. Argumente für und gegen Berlin kamen aus allen Parteien. Am Ende ergab die knappe Abstimmung ein Votum für Berlin als Sitz von Regierung und Bundestag. Das bedeutete, daß für das Parlament der Reichstag in Berlin herzurichten war. Die erste Sitzung dort soll am 19. April 1999 mit einer Debatte des Parlaments über die »Vollendung der Einheit« stattfinden. (Foto: Bundestagspräsident Wolfgang Thierse enthüllt am 17. 12. 98 im Plenarsaal den neuen Bundesadler).

Das Reichstagsgebäude steht für demokratische Kontinuität, aber auch für alle Brüche der deutschen Geschichte des 20. Jahrhunderts. Bis zur Wiedervereinigung lag es kaum benutzt in der Mitte der Stadt.

Das Gebäude war von Paul Wallot zwischen 1884 und 1894 errichtet worden und bei seiner Einweihung am 5. Dezember 1894 fast schon zu klein. Der Baustil – italienische Hochrenaissance kombiniert mit Barock – gilt als Abschiedsvorstellung des Historismus. Für Michael S. Cullen, einen der besten Kenner seiner Baugeschichte, ist das Haus »echt deutsch« in seinem »Sowohl-als-Auch«. Die Zeitgenossen kritisieren es als einen »Leichenwagen 1. Klasse« oder als eine »schlecht imitierte Augsburger Truhe«. Die Kuppel war mit ihrer Glas-Stahl-Netzkonstruktion ein Zugeständnis an die moderne Ingenieurbaukunst. Kaiser Wilhelm II. war wenig überzeugt und nannte das Parlament »Reichsaffenhaus«.

Als 1906 endlich Diäten für die Sitzungsteilnahme im Reichstag eingeführt wurden, waren viel mehr Abgeordnete als früher anwesend. Die Politiker brauchten mehr Büros, aber dafür gab es kein Geld, und so blieb alles beim alten.

Mit der Parole »Ich kenne keine Parteien mehr, nur noch Deutsche« hatte der Kaiser am 4. August 1914 das Parlament für eine Bewilligung der Kriegsanleihen gewonnen. Im Dezember 1916 stellte er sogar zwei erbeutete Kanonen zur Verfügung, um daraus die Buchstaben für

die Inschrift »Dem Deutschen Volke«, die der Architekt Peter Behrens entworfen hatte, gießen zu lassen; sie wurde im Giebel angebracht. Täglich wurden hier die geschönten Lageberichte der Obersten Heeresleitung verlesen, weshalb der Volksmund den Reichstag als »Lügenzentrale« bezeichnete.

Am 9. November 1918 rief Philipp Scheidemann von einem Fenster des Reichstages die Republik aus: »Der Kaiser hat abgedankt. Er und seine Freunde sind verschwunden. Über sie alle hat das Volk auf der ganzen Linie gesiegt! (...) Das Alte und Morsche ist zusammengebrochen. Es lebe das Neue! Es lebe die Deutsche Republik!« Zwei Stunden später verkündete Karl Liebknecht vom Stadtschloß der Hohenzollern die Sozialistische Republik.

Bei den Wahlen zur Nationalversammlung konnte sich die Linke nicht mehr durchsetzen. Die Weimarer Reichsverfassung enthielt viele Rückbezüge auf die Kaiserzeit, u.a. bei der Repräsentation des Volkes im Parlament und bei den Bestimmungen über den Reichspräsidenten. In seiner Machtfülle fungierte er als Ersatzkaiser. Das war die Chance für Adolf Hitler. »Wir wollen in den Reichstag, um ihn zu zerstören«, schimpfte er gegen die »Quasselbude«.

Er hatte als Reichskanzler das Gebäude nur einmal, am 3. Februar 1933 bei seinem Amtsantritt, betreten.
Schon am 27. Februar 1933 brannte das Haus nieder. Das Feuer war Anlaß für die Nationalsozialisten, »Notverordnungen« gegen ihre Gegner anzuwenden. Die Kommunisten wurden beschuldigt, das Gebäude vorsätzlich in Brand gesetzt zu haben. Der »bestbezahlte Männerchor«, wie das Parlament seit 1933 genannt wurde, tagte nun gegenüber in der Krolloper.
Das Reichstagsgebäude wurde aber wieder hergerichtet, denn Hitler gefiel sein Stil. Hier wurden Ausstellungen unter dem Titel »Bolschewismus ohne Maske« und »Der ewige Jude« gezeigt; von Bomben blieb das Haus so gut wie verschont. Die Rote Armee betrachtete es als die Heimstatt des Bösen und nahm, angestachelt vom sinnlosen Widerstand letzter SS-Kommandos, das Gebäude in der Schlacht von Berlin unter Dauerfeuer. Am 1. Mai 1945, dem internationalen Kampftag der Arbeiterklasse, wurde auf Befehl Stalins die rote Fahne auf der Kuppel gehißt, während in den Kellern des Gebäudes noch gekämpft wurde.
In den sechziger Jahren wurde das Gebäude ohne Kuppel und Fassadenschmuck von Paul Baumgarten wiederhergestellt; sein riesiger Sitzungssaal mit der Fläche von 1375 Quadratmetern blieb mit Rücksicht auf den Viermächtestatus von Berlin weitgehend unbenutzt. Schon 1971 hatte der Konzeptkünstler Christo vorgeschlagen, den Reichstag für zwei Wochen zu verhüllen, doch Bundestagspräsident Karl Carstens verweigerte seine Zustimmung. Nach einer kontroversen Debatte im Bundestag konnte Christo den Reichstag schließlich im Juli 1995 verpacken. Menschen aus aller Welt kamen, um das Spektakel zu bestaunen. Danach begann der Umbau nach den Plänen des Briten Sir Norman Foster.
Der 1200 Quadratmeter umfassende elliptische Plenarsaal im ersten Obergeschoß wird einer der größten Parlamentssäle der Welt werden, doppelt so groß wie in der Kaiserzeit. Über ihm, fast frei im Raum an der Glaswand, hängt der neugestaltete Bundesadler mit 8,5 Metern Durchmesser. Im zweiten Geschoß liegen Besuchertribüne und die Räume von Bundestagspräsident, Ältestenrat und Verwaltung. Im dritten Geschoß gibt es Sitzungssäle für die Fraktionen und Arbeitsräume für Journalisten.
Darüber schwebt die gläserne Kuppelspirale, die dem schweren Gebäude Leichtigkeit verleiht. Die Öffentlichkeit wird hierher und zur Dachterrasse Zugang haben und die Aussicht über die Stadt genießen können. Ein Spiegelsystem leitet Licht in den Saal, der von außen belüftet wird. Alle Zeichen sprechen so für den gelungenen Bau eines modernen Parlaments in einem alten Gehäuse.

Johanna Schenkel

Über die Autoren

Werner Biermann, geboren 1945, arbeitet als Autor und Filmemacher mit Schwerpunkt Entwicklungspolitik in Köln

Heinrich Billstein, geboren 1951, arbeitet als Fernsehjournalist und Filmemacher mit Schwerpunkt Kultur und Zeitgeschichte in Köln

Erika Fehse, geboren 1956, arbeitet als Autorin und Filmemacherin in Köln

Mathias Haentjes, geboren 1959, arbeitet als freier Autor und Regisseur mit Schwerpunkt Geschichte in Köln

Gabriele Jakobi, geboren 1950, arbeitet als Autorin und Regisseurin mit Schwerpunkt Kultur in Köln

Johanna Schenkel, geboren 1956, arbeitet als freie Autorin mit Schwerpunkt Kultur und Geschichte in Köln

Fotonachweis

Ullstein Bilderdienst 12, 49, 139, 153, 154, 158, 161
Hubs Flöter 15
Deutsches Historisches Museum 19, 22
Bilderdienst Süddeutscher Verlag 69, 71, 74, 77, 120
Rolf Gillhausen 37
Interfoto 40
Keystone 58
Schindler-Foto-Report 61
J. H. Darchinger 64
VISUM/Rudi Meisel 86
VISUM/Wolfgang Steche 96
dpa 83, 90, 99, 104, 108, 129, 149, 165
Sven Simon 93
Picture Press 101
Ernst Grossar/AP 51
John Hodder/Observer 111
Frieder Blickle/Bilderberg 113
Fred Ihrt/Stern 116
Norbert Nordmann 123
XXP Spiegel Bilderberg 125
Peter Meyer/Forum/Stern 132
Andreas Schoelzel 135, 142
Lutz Schmidt/Reuters 145
AKG 55
Associated Press 25
Zentralbild 168
B. Fischer 27
Conti-Press 34
UPI 42
Gerd Pfeiffer 46
Peter W. Engelmeier 79
Thomas Pflaum 120

Umschlag: Lutz Schmidt/Reuters; Interfoto; Rolf Gillhausen; dpa (2x); Süddeutscher Verlag (2x); Ullstein Bilderdienst; AKG; Peter W. Engelmeier